Stefan Berg   Günter de Bruyn

Landgang   Ein Briefwechsel

S. Fischer

Erschienen bei S. Fischer
© S. Fischer Verlag GmbH, Frankfurt am Main 2014

Satz: Doerlemann Satz, Lemförde
Druck und Bindung: CPI books GmbH, Leck
Printed in Germany
ISBN 978-3-10-000156-6

Ein sozialistisches Märchen mit Folgen

Am Sonntag, dem 13. Dezember 1981, kommt es im Kongress-Saal des Ostberliner Hotels Stadt Berlin zu einem Treffen, das sehr viele Beobachter auf sich zieht. 88 Schriftsteller, Künstler und Wissenschaftler finden sich in dem Hochhaus am Alexanderplatz ein. 60 von ihnen stammen aus der DDR, sechs aus »weiteren sozialistischen Ländern, 22 aus der BRD, anderen nichtsozialistischen Ländern und Berlin-West«, so vermerkt es der DDR-Staatssicherheitsdienst. Dessen Mitarbeiter – offizielle und inoffizielle – verfolgen die Begegnung sowie 34 Korrespondenten aus »der BRD, anderen nichtsozialistischen Staaten und Berlin-West«. Und natürlich die Medien der Deutschen Demokratischen Republik. Titel der Versammlung: »Berliner Begegnung zur Friedensförderung«.

Um 18 Uhr 20 begrüßt der Schriftsteller Stefan Hermlin die Gäste »in der Hauptstadt der DDR«. Er hat zu diesem Treffen eingeladen: »Die Sache, die wir uns vorgenommen haben, beginnt.« Die »Sache«, das ist ein Gespräch über Krieg und Frieden und die »Herstellung von Vertrauen«. Erkennbar stolz verliest Hermlin die Liste derjenigen, die zugesagt haben: Jurek Becker, Thomas Brasch, Günter de Bruyn, Ingeborg Drewitz, Bernt Engelmann, Erich Fried, Günter Grass, Stefan Heym, Ernst Jandl, Heiner Müller, Christa Wolf …

»Manches Unsinnige«, fährt Hermlin fort, sei über das Zustandekommen dieses Treffens vermutet worden. Dabei sei die Sache »viel einfacher, als manche denken.« Er habe da mit »ein paar Freunden« gesprochen. Manchmal ließen sich, erklärt er, »Dinge ganz einfach verwirklichen, die manche Leute für ausgeschlossen halten, weil sie nicht bereit sind, einen Versuch zu wagen«.

»Ein paar Freunde«, das ist nicht nur nicht die ganze Wahrheit. Das ist ein sozialistisches Märchen.

Das zweitägige Treffen im Interhotel hat Hermlin nicht nur mit »ein paar Freunden« besprochen, er hat es mit der Führung der SED eng abgestimmt.

Bereits im August haben Hermlin und sein Freund, der Filmemacher Konrad Wolf, mit Staats- und Parteichef Erich Honecker über das Vorhaben geredet. Auch der für Kultur zuständige Mann im SED-Politbüro, Kurt Hager, wird »über den gegenwärtigen Stand der Vorbereitungen« informiert. Namenslisten werden abgestimmt, Einschätzungen abgegeben. Sie klingen alles andere als »ganz einfach«. In der »Akademie der Künste der DDR« wird im November »Intern!«[1] eine »Argumentation« zu dem Treffen verfasst. Darin heißt es: »Die Vertrauensatmosphäre bei schonungsloser Offenheit sollte bei den westlichen Teilnehmern dazu beitragen, die Errungenschaften des realen Sozialismus besser zu verstehen und zu bewerten.« Vom Staatssicherheitsdienst werden »Vertrauliche Verschlusssachen« produziert, »operativ bedeutsame Hinweise« über »operativ bedeutsame Personen« wie Grass, Heym und Becker zusammengetragen.

Von alldem wissen die Gäste aus dem Westen natürlich nichts, als sie im Interhotel erscheinen, auch viele Teilnehmer aus der DDR können nur ahnen, wie sehr das Treffen der Schriftsteller die »Staatsorgane« beschäftigt. Allerdings: Nur Naivlinge können glauben, dass alles so einfach gewesen sei, wie Hermlin es darstellt.

---

1 Quelle: Archiv der Akademie der Künste, Berlin.

Denn ein deutsch-deutsches Schriftstellertreffen zu organisieren, ist aus mehreren Gründen kein einfaches Unternehmen. Das Verhältnis der Staatspartei SED zu den Künstlern des Landes ist schwer belastet. Der Ausweisung des Liedermachers Wolf Biermann aus der DDR im Jahr 1976 folgten Ausreisen von Künstlern gen Westen und Ausschlüsse mehrerer kritischer Autoren aus dem DDR-Schriftstellerverband; der prominenteste von ihnen ist Stefan Heym, immerhin ein Mann, der einst gegen die Nazis gekämpft hatte. Das Vorgehen gegen die Intellektuellen hat das Verhältnis zwischen den Autorenverbänden in Ost und West belastet. Schriftsteller wie Günter Grass haben sich mit den Bedrängten in und aus der DDR solidarisiert. Literatur ist zu einem Unruhefaktor in der DDR und in den deutsch-deutschen Beziehungen geworden.

Von Hermlin, dem früheren Widerstandskämpfer und Exilanten, ist bekannt, dass er einen persönlichen Zugang zu Honecker hat. In diesem Fall hat er ihn eingesetzt, um auch Kritikern der DDR die Teilnahme an der Diskussion auf offener Bühne zu ermöglichen. Gegenüber dem Parteichef soll Hermlin die Autoren Thomas Brasch und Jurek Becker als seine »Freunde« bezeichnet und für deren Einladung geworben haben.[2] Das ist allerhand: Brasch und Becker hatten sich mit Biermann solidarisiert und später die DDR verlassen. Honecker erfüllt Hermlins Wunsch: »Einverstanden. E.H.« Genau wie die Zulassung zahlreicher West-Journalisten zum Treffen ist das eine Sensation.

Die Großherzigkeit folgt politischem Kalkül. Am 11. Dezember, zwei Tage vor den westdeutschen Autoren, kommt Bundeskanzler Helmut Schmidt in die DDR. Die Einladung zu einem freimütigen Dialog von Ost- und West-Autoren

---

2 Vgl. Matthias Braun: Stephan Hermlins Traum. Die »Berliner Begegnung zur Friedensförderung«. In: Deutschland-Archiv 40 (2007), S. 86–96.

sorgt im Vorfeld für ein freundliches Echo im Westen, sie nährt die Hoffnung auf Annäherung und auf Wandel in der DDR.

Menschen in Ost und West dürsten nach solchen Signalen der Entspannung. Seit Monaten wächst die Angst vor immer neuen Runden im Rüstungswettlauf. In Bonn sind im Oktober 1981 Hunderttausende gegen die Stationierung von Pershing-Raketen auf die Straße gegangen, ihr Protest gilt selbstverständlich auch den SS-20-Raketen der Sowjets. In dieser Lage sucht DDR-Staatschef Honecker offenbar einen eigenen außenpolitischen Kurs, westliche Beobachter machen jedenfalls Distanz zum »großen Bruder« in Moskau aus. Können deutsch-deutsche Dialoge die Blockkonfrontation abschwächen oder gar überwinden helfen?

Doch am Abend des 13. Dezember, während sich Schmidt noch in der DDR aufhält und die Autoren sich im Hotel am Alexanderplatz treffen, wird in der Volksrepublik Polen das Kriegsrecht ausgerufen. Solidarność hatte die Kommunisten nicht nur in Polen das Fürchten gelehrt.

In der DDR gibt es im Jahr 1981 weder Großdemonstrationen wie jene in Bonn noch Streiks wie im Nachbarland Polen. Eine Friedens- und Freiheitsbewegung existiert dennoch. In den evangelischen Kirchengemeinden und in ihrem Umfeld diskutieren Gruppen offen Abrüstungsfragen. Sie sprechen auch über Themen, die es offiziell in der DDR nicht geben darf: über Umweltprobleme und den Mangel an Freiheitsrechten. Wer sich hier trifft, gibt sich wie jene Friedensbewegten im Westen: Man trägt Jeans, Parka, färbt Hosen bunt und hört Blues. In Berlin, Jena oder Dresden gibt es eine »Szene«, eine Generation, die aufbegehrt.

In den Schulen der DDR haben die Parteisekretäre, Direktoren und Staatsbürgerkunde-Lehrer Mühe mit dieser neuen Generation, die angstfrei diskutiert und sich nicht länger mit Phrasen abspeisen lassen will. Besonders ein »Argument«

8

sorgt für Empörung unter den Jugendlichen, die wie ihre Altersgenossen »drüben« gegen die Aufrüstung demonstrieren wollen. Solch ein Protest sei im Arbeiter-und-Bauern-Staat nicht nötig, erklären die SED-Propagandisten. Schließlich sei die ganze DDR, insbesondere ihre Staatsführung, eine einzige große Friedensbewegung.

Diese Phrase bekommt auch ein 17-jähriger Schüler zu hören, der 1981 die Erweiterte Oberschule Max-Planck in Berlin-Mitte besucht. Mit der politischen Sprengkraft von Literatur hat er bereits Erfahrungen gesammelt. In der Schule hatte er im Juni 1979 für eine Lesung von Stefan Heym geworben, der zuvor aus dem Schriftstellerverband geworfen worden war. Heym konnte öffentlich nun nur noch in Kirchen lesen, aus seinem Buch »König David Bericht« etwa.

Und dieser Schüler hatte kein Geheimnis daraus gemacht, dass er diese Veranstaltung besuchen wird. Am Tag nach der Heym-Lesung in Eichwalde bei Berlin war die Aufregung an der Schule groß: Der damals 15-Jährige sollte sich für ein angebliches Fehlverhalten rechtfertigen. Als er das nicht tat, drohte gewaltiger Ärger. Er sollte vorzeitig und ohne Abitur die Schule verlassen. Erst nach Protest von Eltern und Kirchen revidierte das DDR-Bildungsministerium diesen Beschluss. Von einem verdeckten Schulermittlungsverfahren der Staatssicherheit wird er erst Jahre später erfahren.

Gespannt verfolgt dieser Schüler das Treffen der Schriftsteller im Hotel Stadt Berlin. Wird sich einer der Autoren zum Fürsprecher der DDR-Friedensbewegten machen? Die Zeitungen der DDR vermelden – als wäre es pure Selbstverständlichkeit – eine Konferenz von Schriftstellern aus »beiden deutschen Staaten«. Doch die DDR-Medien gehen auf Nummer Sicher, sie übertragen die Reden nicht direkt. Kritische Worte zu den Verhältnissen in der DDR oder zur Politik der Ostblockstaaten finden nur selten und dann nur indirekt den Weg in die von der SED gesteuerten Tageszeitungen, in

Rundfunk und Fernsehen. Etwa so: »Der Präsident der Akademie der Künste, Konrad Wolf, wies in einer bewegenden Rede die These des Schriftstellers Günter Grass zurück, er fühle sich von sowjetischen wie von amerikanischen Raketen bedroht.« Grass hatte Widerstand gegen Vor- und Nachrüstung gefordert: »Nur noch Verweigerung und anhaltender Protest können eine Umkehr erzwingen.«

Im West-Radio werden die brisanten Reden übertragen, bald kursieren sie, abgetippt mit mehreren Durchschlägen. So wird auch die Rede des Schriftstellers Günter de Bruyn bekannt, die dieser am zweiten Tag des Treffens, am 14. Dezember, kurz vor der Mittagspause hält. De Bruyn, Jahrgang 1926, war als junger Mann Soldat. Nach dem Krieg wurde er Bibliothekar, dann Schriftsteller. »Buridans Esel«, »Preisverleihung« und seine »Märkischen Forschungen« werden Bestseller. Er ist in Ost und West geschätzt. Die Hardliner der Partei halten ihn für einen unsicheren Kantonisten. Aber der Fontane-Verehrer de Bruyn ist keiner, der vor die Kameras drängt, er benötigt viel Zeit, um politische Reden vorzubereiten.

De Bruyn verliest im Kongress-Saal einen zuvor ausformulierten Text, er beginnt mit einer historischen Schilderung, der »Kriegserklärung gegen den Krieg« von Jean Paul.[3] Aber de Bruyn wendet sich rasch der Gegenwart zu, und er findet klare Worte: »So erfreulich die Unterstützung der westeuropäischen Friedensbewegung durch die DDR auch ist, so fraglich wird ihr Nutzen bleiben, solange der Eindruck entstehen muss, dass das drüben Bejubelte hüben unerwünscht ist. Die auf Frieden gerichtete Politik der DDR, die das Bündnis mit den Friedensbewegten in aller Welt anstrebt, schädigt sich

---

3 Jean Paul (Johann Paul Friedrich Richter): deutscher Schriftsteller (1763–1825), dem Günter de Bruyn bereits 1975 die Biographie »Das Leben des Jean Paul Friedrich Richter« gewidmet hat.

selbst, lehnt sie das Bündnisangebot unabhängiger Friedensbestrebungen im eigenen Land ab, das junger Christen z. B., die einen sozialen Friedensdienst fordern. Drängt man die in den Untergrund, verliert man nicht nur wichtige Friedenskräfte, sondern schädigt auch die eigene Glaubwürdigkeit [...].«

Untergrund? Unabhängige Friedensbestrebungen? Das sind Reizworte, welche die Beobachter mit ihren unterschiedlichen Aufträgen aufhorchen lassen. Der SPIEGEL vermeldet »öffentliche Kritik« ostdeutscher Bürger »an ihrem Staat«, der Staatssicherheitsdienst »pazifistisches Gedankengut«.

De Bruyns Rede emotionalisiert nicht nur die Debatte im Hotel Stadt Berlin. Das Wort »Untergrund« macht die Runde, und es wird »übersetzt«. Untergrund, das heißt Opposition und Widerstand, Gefängnis. Und da ist noch ein Tabuwort in der Rede de Bruyns: »Sozialer Friedensdienst«.

Immer wieder haben christliche Gruppen, Friedenskreise und Bischöfe solch einen Ersatzdienst gefordert, jetzt tritt auch ein prominenter Schriftsteller dafür ein. Ob der soziale Friedensdienst – kurz SOFD – nun kommen wird? Einen Zivildienst – wie im Westen Deutschlands – gibt es nicht in der DDR. Wer die Wehrpflicht von 18 Monaten verweigert, der landet im Gefängnis. Es sei denn, er lässt sich auf einen Kompromiss ein und wird Bausoldat. Wer als Bausoldat dient, der ist zwar Soldat in der DDR-Armee, er muss Uniform tragen und Befehle ausführen, aber er wird nicht an der Waffe ausgebildet. Vor allem junge Christen gehen zu den Bausoldaten. Aber sie wollen nun endlich mehr: SOFD.

Für den Schüler der Max-Planck-Schule ist das kein theoretisches Thema. Er muss sich bald entscheiden, ob er Bausoldat wird oder nicht. Ein Sozialer Friedensdienst, das ist auch sein Wunsch. Er fürchtet nicht nur den militärischen Drill. Eine sehr konkrete Angst treibt ihn um, Kriegsangst. In den DDR-Zeitungen wird schon vor der Verhängung des Kriegsrechtes von den angeblich »konterrevolutionären Zielen« der Solidarność berichtet. »Konterrevolution« war bereits 1956 und 1968 das Stichwort für die Niederschlagung der Freiheitsbewegung in Budapest und Prag. Steht wieder ein Einmarsch bevor? Sollen etwa DDR-Soldaten in das Polen der Solidarność einmarschieren?

Günter de Bruyn hat 1981 eine kleine Wohnung in der Auguststraße in Berlin-Mitte, nicht weit entfernt von der Erweiterten Oberschule, die der Schüler besucht. Die Straße sieht aus wie eine Kulisse für einen Kriegsfilm. Überall bröckelt der Putz, verfallen Balkone. Auch das Haus, in dem de Bruyn wohnt, ist in einem beklagenswerten Zustand. Ein höhnischer Slogan kursiert über den Umgang der DDR mit der Altbausubstanz: Ruinen schaffen ohne Waffen.

Die Max-Planck-Schule ist in einem früheren jüdischen Wohnheim untergebracht. Bis zur Wohnung des Schriftstellers sind es nur ein paar hundert Meter. Am 1. Januar 1982 schreibt der Schüler einen Brief, den er – mit Herzklopfen – in den Briefkasten des damals 55-jährigen Schriftstellers wirft. Er dankt dem prominenten Autor für dessen Rede. Wenig später erhält der Schüler Antwort vom Schriftsteller. Er wisse, dass er nicht nur in seinem eigenen Namen gesprochen habe.

Die Anzahl der jungen Männer, die den Waffendienst ablehnen und sich zu den Bausoldaten melden, steigt in dieser Zeit. Immer mehr Kasernen müssen Platz für Bausoldaten schaffen, auch eine in Saßnitz. Am 1. November 1982 sitzt der Abiturient aus der Max-Planck-Schule in einem Zug der Deutschen Reichsbahn Richtung Rügen. Noch trägt er Zivil, aber nicht mehr lange. Vom Bahnhof geht es per Lastwagen in die Kaserne. In der Hafenstadt Saßnitz ist bereits ein Bautrupp der Marine stationiert. Da es nicht ausreichend Platz in den Wohngebäuden gibt, werden die Bausoldaten in Zelten untergebracht. Es herrscht Kontaktverbot zwischen normalen Soldaten und den Waffenverweigerern. Der Bausoldat schreibt viele Briefe – auch an Günter de Bruyn.

»M«-Maßnahme ist der Stasi-Code für den Bruch des Postgeheimnisses. Der Geheimdienst fängt regelmäßig Briefe der Bausoldaten ab, denn viele von ihnen stehen der Opposition nahe, einige haben Ausreiseanträge gestellt. Aus Sicht des Ministeriums für Staatssicherheit sind schon einzelne Bausoldaten »feindlich negativ«, eine echte Gefahr sieht der Geheimdienst aber in der Gruppenbildung durch die Kasernierung. Deshalb werden sowohl Briefe aus der Kaserne als auch Post, die von den Heimatadressen versendet wird, geöffnet. So fallen der Stasi auch Briefe des Bausoldaten aus Berlin in die Hände, die er an Freunde im Westen schickt. Das ist verboten, denn Armeeangehörige dürfen keinen Kontakt zu Bundesbürgern haben.

Die Briefe werden ausgewertet, brisante Stellen unterstrichen und abgeschrieben:

- »Unsere Wirtschaft befindet sich in einem Zustand eines ständigen Bummelstreiks«
- »von was für Idioten man sich befehlen lassen muss«
- »warum leben Jurek Becker und Manfred Krug nicht mehr hier?«
- »warum sollte ich einen Staat schützen, der nicht der meine ist. Warum sollte ich?«
- »Geist und Kultur werden vertrieben«

Der Staatssicherheitsdienst ist alarmiert über die »feindliche Grundhaltung«, er führt eine »Operative Personenkontrolle« (OPK) durch, legt später einen »Operativen Vorgang« (OV) an. Schriftproben werden verglichen, konspirative Spindkontrollen durchgeführt, gesucht wird nach »feindlich-negativer Literatur.« Auch Briefe des Bausoldaten an Günter de Bruyn werden abgefangen und ausgewertet.

Im Januar 1984 verschärft die Staatssicherheit ihr Vorgehen gegen den Bausoldaten, den sie in den Akten »Künstler« nennt. Der Geheimdienst hat weitere Briefe an einen Freund in Westberlin gesichtet, in einem heißt es: »Ich habe es satt, hier zu sein, um jeden Mist ringen, kämpfen zu müssen.« Ein Offizier der Hauptabteilung Volksmarine notiert: Aus dem Material werde ersichtlich, dass »Künstler« sich »intensiv mit dem Gedanken beschäftigt, die DDR zu verlassen«. Aus seinen Briefen sei ersichtlich, dass er »für die aus der DDR ausgewiesenen bzw. übergesiedelten Schriftsteller bzw. Schauspieler, Becker und Krug, Partei ergreift und sich zu ihnen bekennt«. Der Bausoldat plane ein »Fahnenfluchtverbrechen«. Darauf stehen mehrere Jahre Haft. Ziel der Staatssicherheit ist die »Aufklärung der operativ-bedeutsamen Kontakte und Verbindungen des B.« Die Observation von »Künstler« wird ausgeweitet.

Der Staatssicherheitsdienst in Rostock schaltet die Zentrale in Berlin ein. Durch die Abteilung »M« seien zwei Kopien von Briefen zugestellt wurden, die »Künstler« an den Schriftsteller Günter de Bruyn geschickt habe. Was verbindet den Bausoldaten mit dem Dichter? Und: Welche Rolle spielt de Bruyn überhaupt im Schriftstellerverband? Welche Verbindungen unterhält er?

Immer wieder erhält »Künstler« Briefe, Karten und Bücher von de Bruyn, der ihm Mut macht, diese Zeit zu überstehen. Mehrfach wird der Bausoldat nach seinem Kontakt zu dem Schriftsteller befragt. Mehrere Tage wird »Künstler« observiert – aber am Ende geschieht ihm nichts. Keine Verhaftung, kein Strafverfahren. Am 26. April 1984 verlässt der Bausoldat aus Berlin die Kaserne in Saßnitz.

Jahre später findet er in den Akten des Geheimdienstes Kopien von Briefen, die er an Günter de Bruyn geschrieben hat, und die Notizen der Stasi über den Beistand des berühmten Schriftstellers für den unbekannten Bausoldaten. Er schreibt an de Bruyn: »Dafür bin ich Ihnen bis heute dankbar.« Günter de Bruyn antwortet: »Welch Glück, dass wir das hinter uns haben!«

Morbus DDR

Dreißig Jahre später fällt es mir schwer, in der Ich-Form über diese Zeit zu schreiben. Ist jener Stefan Berg noch derselbe, der sich nun über diese Briefe beugt? Nein, lautete meine erste Antwort auf diese Frage. Und ich führte mir vor Augen, wie grundsätzlich sich meine Lebensumstände geändert haben. Die DDR, diese Grauzone, ist nun ein Land aus dem Geschichtsbuch. Vieles ohnehin kaum zu Erklärende dieses Staates ist noch unerklärlicher geworden. Aus dem Schüler ist ein (grauhaariger) Erwachsener geworden, der gelegentlich (und zu seinem großen Verdruss) schon als »älterer Herr« bezeichnet wird. Er kann sich an seinen erwachsenen Kindern erfreuen, der jüngste Sohn ist nun schon älter, als er selbst beim Einrücken in die Kaserne war. Aus dem Briefschreiber ist ein etablierter Journalist geworden. Und aus dem lebensfrohen, unbekümmerten jungen Mann ist einer geworden, der sich auf ein Leben mit einer Krankheit einrichten muss, eine Krankheit mit einem Namen, der wie ein Unwesen klingt: Morbus Parkinson.

Aber die Konfrontation mit dieser Krankheit war es, die mich suchen ließ nach Kindheitserinnerungen, Prägungen, nach Kraftquellen, nach den Brüchen im eigenen Leben und eben auch nach jenen Briefen von Günter de Bruyn. Ich erinnerte mich, wie sehnsüchtig ich auf sie gewartet hatte, obwohl ich den Schreiber dieser Zeilen persönlich noch nicht kannte. Dreißig Jahre später freute ich mich wieder, sie in den Händen zu halten wie einen kleinen Schatz. Seine Briefe hatte ich in einer Kiste aufbewahrt, meine Briefe an ihn hatte de Bruyn nach 1990 ins Deutsche Literaturarchiv in Marbach gegeben.

Beim Erinnern, Nachlesen und Nachfühlen wurden mir allmählich die Parallelen bewusst: das Gefühl der Bedrohung damals und heute, die Erfahrung von Verlust damals und heute. Die gelegentliche Verzweiflung über die mir auferlegte Beschränkung verbindet mich mit dieser Zeit, der Versuch der Abwehr, des Widerspruchs und Widerstands. Gegen den Morbus DDR. So entdecke ich in jenem Briefschreiber mich wieder. In der Suche damals nach der Kraft in der Natur, in dem Willen, Zeugnis abzulegen und nicht einfach hinzunehmen, was als Schicksal gilt.

Aus dieser Perspektive verschmelzen Vergangenheit und Gegenwart, verlieren die äußeren Umstände an Bedeutung, werden zu Hüllen, die man abstreifen kann und hinter denen ich mich selbst erkenne: Prägungen, Ängste, Hoffnungen, Verhaltensmuster.

In der Rückschau ist diese Armeezeit wie eine erste schwere Krankheit, und diese Briefe sind eine Medizin, nach der jeder bedrohte Mensch dürstet – Briefe, für die das Gefühl der Dankbarkeit nicht nachlässt.

Eine Begegnung

An einem Tag im Sommer 2013 mache ich mich auf den Weg zu Günter de Bruyn, um mit ihm über die Briefe zu sprechen und das Vorhaben, sie zu publizieren. Bis zu diesem Ausflug hatte ich gedacht, die sieben Zwerge hinter den sieben Bergen lebten versteckt. Nun erfahre ich: Es geht noch verborgener. Besuchen kommt eben von Suchen. Ich fahre – per E-Mail angekündigt – in das richtige Dorf südlich von Berlin zur richtigen Straße, parke exakt dort, wo ich – nach Anruf – abgeholt werden soll. Nur: die Telefonnummer ist falsch, ein Zahlendreher, wie sich herausstellt.

Also gehe ich weiter, orientiere mich an einem Stromkabel. Aber das Kabel endet irgendwo im märkischen Sand, und ich stehe an einer Weggabelung, an der keiner der Waldwege den Eindruck erweckt, irgendwo hinzuführen. Dass ich den Rückweg finde, ist schon ein Erfolgserlebnis! Zweiter Erfolg: Ich habe wieder Empfang. Eine Kollegin ermittelt die richtige Telefonnummer, und gar nicht viel später schiebt sich ein weißer Geländewagen japanischer Bauart aus dem märkischen Dickicht.

Ein freundlicher, hoch aufgewachsener Günter de Bruyn erscheint. Erlösung! Nun ja, es hätten schon einige auf eigene Faust versucht, ihn zu besuchen, viele würden schon daran scheitern, dass sie im falschen, namensgleichen brandenburgischen Dorf den Ausgangspunkt suchten. Lächeln, ein freundliches Lächeln, während der Japaner allradgetrieben die Höhenunterschiede zwischen den beiden Spuren ausgleicht. Mehrere Weggabelungen, dann die Erklärung, dass man nun durch einen kleinen Bach fahren werde, über den einst eine Brücke führte (!), deren Erneuerung im Naturschutzgebiet nicht gestattet worden sei. Schon spritzt es gegen den Motorboden, ein Bächlein, rechts daneben Morast. Ich bin doch erleichtert, diese Reise im Sommer angetreten zu haben. Während mein Fahrer und Gastgeber erklärt, auf welchen Wegen man leider nicht mehr wenden könne und welche einfach so enden würden … Kurz nach dem Wasserkontakt stehen wir auf einer Lichtung und vor einem wunderschönen Hof. Wir sind schon da, meint Günter de Bruyn. Frau de Bruyn bringt Kaffee, und wir drei freuen uns still, aber kräftig aneinander.

Es ist erst meine zweite persönliche Begegnung mit diesem Mann, der mir so vertraut ist. Wie lange ist alles her?

Nein, lieber nicht rechnen, wir reden über unsere Krankheiten, wie es ältere Menschen halt tun, und beschließen dankbar zu sein. Die DDR überstanden, die Sonne scheint, im Kopf alle noch klar. Und ich überlege, wie es hier im Winter ist, zermatschte Waldwege werden den Japaner an seine Leistungsgrenze führen und lange Winterabende jede Beziehung – und sei sie noch so glücklich.

Wir gehen über den Hof, Gras, Blumen, Sonnenstrahlen, von einer Bibliothek führt eine kleine Treppe ins Arbeitszimmer. Hier lebt also einer, der aus sich selber schöpfen muss, dessen Nachdenken und Vorstellen, Träumen und Erinnern sehr intensiv sein muss, denn Ereignisse schaffen es nicht bis hierher, allenfalls die Frau von der Post. Ja, erzählt mein Gastgeber, wenn der Strom ausfällt, dann sind wir die Letzten, die wieder angeschlossen werden, zwei Leute halt nur ...

Dann sitzen wir über den Briefen, ich lese etwas von dem vor, was er damals geschrieben hat. Und einige Sätze aus meinen Briefen ... Ja, sagt er, Ihre Zeilen haben in mir etwas ausgelöst, Erinnerungen an die eigene Jugend, Sie waren mir nahe, obwohl ich Sie nicht kannte. Ich spreche von Dankbarkeit oder will es zumindest. Und blicke aus dem Fenster, wenn mir die Tränen kommen.

Wir lachen über die Stasi, die Rilke, de Bruyn, Heym allesamt für Verdächtige hielt. Und so falsch damit nicht lag. Die Gedanken sind frei. De Bruyn freut sich: Ach ja, meine Handschrift, sagt er. Ich lese vor, wie er mir Mut gemacht hat, im Land zu bleiben, mich zu wehren. Sein Körper strafft sich ein wenig, er lächelt aus seinen hellblauen Augen, ein feiner Stolz und Freude an vergangenen Sätzen.

Wir sprechen über die Rolle der Schriftsteller in der DDR, ihre Funktion als Klagemauer. Dieser Druck, sagt er, das war schwer ... Er erzählt von Lesungen, in denen er in die Rolle des Oppositionellen gedrängt worden sei.

Ob er darüber noch etwas schreiben würde, sollte?

18

Vielleicht wäre das eine gute Ergänzung, sagt er dann irgendwann, hinein in meine Ehrfurcht und in die märkische Stille.

Stefan Berg

Briefwechsel und Dokumente[1]

---

1 Die hier publizierten Dokumente, die sich im Archiv des Bundesbeauftragten für die Unterlagen des Staatssicherheitsdienstes der ehemaligen
Deutschen Demokratischen Republik befinden, wurden unverändert übernommen. Die vorhandenen Schwärzungen wurden von der Behörde vorgenommen und sind ebenfalls unverändert übernommen worden.

Günter de Bruyn
Rede bei der Berliner Begegnung zur
Friedensförderung [13./14. Dez. 1981]

[...] Im Jahre 1809 verfaßte Jean Paul eine »Kriegserklärung
gegen den Krieg« und entwickelte darin folgende Vision:
»Die stehenden Heere treiben einander zu gegenseitiger Ver-
größerung soweit hinauf, bis die Staatskörper unter der Strafe
des Gewehrtragens erliegen.« Da inzwischen eine Mord-Ma-
schine erfunden worden sei, die »mit *einem* Schusse eine
Schlacht liefert und schießt, so daß der Feind nur den zweiten tut, und so gegen Abend der Feldzug abgetan ist«, müßte –
meint Jean Paul – Unmoralität die Menschheit schon zur Unmenschlichkeit gemacht haben, wenn nun nicht die Staaten
»gemeinschaftlich ihre schweren Rüstungen auszögen« und
sich in einem Staatenbund der Erdkugel zusammenschlös-
sen. Diese Föderativen Staaten dürfen aber, um Kriege untereinander verhindern zu können, nicht Monarchien sein, sondern Republiken; denn in diesen – so die Illusion nicht nur
Jean Pauls – würden nicht mehr wie bisher zwei den Krieg beschließen und Millionen ihn ausführen und ausstehen, sondern die Millionen (»die die ganze Kriegsfracht auf Quetsch-
wunden tragen müssen« und für die trotz ihres Einsatzes
von Leib und Gut in der Mordlotterie nur eine Niete heraus-
kommt) würden beschließen und, wenn es denn sein muß,
zwei sich bekämpfen.

Nicht um den Gedanken bürgerlicher Vordemokraten, in
Staaten, die sich so oder so Demokratien nennen, hätte das
Volk die Möglichkeit, über Krieg und Frieden zu entschei-
den, als Illusion zu entlarven, führe ich Jean Paul hier an,

sondern weil ich darauf hinweisen will, wie gut unserem eingefahrenen politischen Denken manchmal simple Volksweisheiten wie die, daß die Machthaber ihre Kriege gefälligst selbst miteinander ausfechten sollten, bekämen. Wenn diese Weisheiten, gemessen an den Tatsachen, oft absurd erscheinen, so spricht das bei der Einfachheit der Gedankengänge nur gegen die Tatsachen. Da weiß einer im Bus ein sicheres Mittel gegen Atomkrieg, nämlich ein Gesetz der UNO, das, streng gehandhabt und streng kontrolliert, jeden Bau atomsicherer Bunker für Präsidenten, Parteiführer und Generäle verbietet. Oder man kann auf einer Hauswand – leider nicht hier bei uns – die schöne Utopie lesen: Stell dir vor, sie machen Krieg, und keiner geht hin!

Was hinter all diesen Wunschträumen steckt, ist doch die schlichte, von Ideologien und Feindbildern nicht verwirrte Erkenntnis, daß die Erde voll ist von Menschen, die leben wollen, daß es auf dieser Erde Elend gibt, das beseitigt, Umweltschädigung, die aufgehalten werden muß, und daß das Geld und die Kraft und der Geist, die dazu gebraucht würden, in die Herstellung und Erhaltung von Mord- (oder auch Selbstmord-)Maschinen fließt, die angeblich nicht zur Nutzung, sondern zur Drohung bestimmt sind. Ihr Dasein – so versucht man den Millionen, die in Angst vor ihnen leben, zu suggerieren – sei Bedingung dafür, daß sie nicht losgehen, was doch nicht nur die Logik auf den Kopf stellt, weil die sicherste Voraussetzung dafür, daß eine Explosivkraft nicht explodiert, doch die ist, daß sie nicht existiert, sondern auch die Tatsache außer acht läßt, daß jede Drohung eine stärkere erzeugt, die dann wieder überboten werden muß.

Soll dieser sich ständig selbst fortzeugende Wahnsinn nicht damit enden, daß die Menschheit im faktischen (nicht nur im moralischen) Sinne zur Unmenschlichkeit wird, muß der Teufelskreis unterbrochen, die Todesspirale zurückgedreht werden.

Das aber wird, wie die Erfahrungen der letzten Jahrzehnte beweisen, nur leisten können, wer den tödlichen Kreislauf verläßt, wer sich also nicht nur als der Mutigere und Moralischere, sondern, im Sinne der Spruchweisheit über das Nachgeben-Können, auch als der Klügere erweist; denn der dauerhafteste Schutz eines Staates ist die Zufriedenheit seiner Bewohner, und die kann schlecht gedeihen, wo durch eine auf die Spitze getriebene Verteidigungsbereitschaft das, was verteidigt werden soll, aufgezehrt wird.

Die Lehre der Bergpredigt – so könnte bei dieser Lage der Dinge auch einem Nichtchristen einfallen – wird im Zeitalter der Massenvernichtungsmittel von einem Glaubensgebot zu einem Gebot der Vernunft. Moral wird zur Überlebensstrategie.

Die Friedensbewegungen in Westeuropa sind ein ermutigendes Zeichen dafür, daß die Millionen, die die Leidtragenden, das heißt die Toten, des nächsten Krieges sein würden, nicht bereit sind, es widerstandslos zu sein. Sie könnten auch ein Zeichen dafür sein, daß sich das Risiko für den, der den ersten Schritt der Vernunft wagt, verringert, wenn sie stärker würden, sich ausbreiteten nicht nur über Ozeane, sondern auch über Grenzen hinweg, die – mögen sie noch so unantastbar sein – der Atomtod, der nicht kommen darf, käme er doch, nicht beachten würde.

Auch in der DDR ist man sich dessen bewußt, daß der Tod dieser zwischen Raketen lebenden 17 Millionen in Planspielen schon einkalkuliert ist, erschrickt deshalb vor allen Rüstungsvergrößerungsplänen, hat aber – schlägt man die Zeitungen auf – ein ungutes Gefühl, wenn DDR-staatlicherseits der Antikriegskampf der Christen, Pazifisten und Kriegsdienstverweigerer innerhalb der eigenen Grenzen verhindert wird. So erfreulich die Unterstützung der westeuropäischen Friedensbewegung durch die DDR auch ist, so fraglich wird ihr Nutzen bleiben, solange der Eindruck entstehen muß, daß das drüben Bejubelte hüben unerwünscht ist. Die auf Frieden gerichtete Politik der DDR, die das Bündnis mit den Friedensbewegungen in aller Welt anstrebt, schädigt sich selbst, lehnt sie das Bündnisangebot unabhängiger Friedensbestrebungen im eigenen Lande ab, das junger Christen, z. B., die einen sozialen Friedensdienst fordern. Drängt man die in den Untergrund ab, verliert man nicht nur wertvolle Friedenskräfte, sondern schädigt auch die eigene Glaubwürdigkeit. Welch ein Gewinn aber wäre es, wenn Zustimmung zu Atomwaffenächtungsvorschlägen von einer unabhängigen Friedensbewegung der DDR mit unterstützt würden. Den Friedensanstrengungen der DDR gäbe das zweifellos ein größeres Gewicht. Es wäre zu wünschen, daß dieses Treffen ein Anstoß zu einer Öffnung in dieser Hinsicht sein könnte, wobei, wie ich zugeben muß, meine Hoffnungen in dieser Hinsicht sehr gering sind.

Berlin, 1. 1. 82

Sehr geehrter Herr de Bruyn!

Da Sie bestimmt besseres zu tun haben, als Briefe von Ihnen unbekannten Menschen zu lesen, möchte ich nicht lange drumherumreden bzw. -schreiben.

Mit diesem Brief möchte sich ein 17jähriger Schüler ganz herzlich bei Ihnen bedanken.

Meine Hoffnungen, die ich an das Schriftstellertreffen in Berlin knüpfte, wurden nicht enttäuscht. Ganz im Gegenteil – ich war positiv überrascht, denn solch offene Diskussion hatte ich nun auch wieder nicht erwartet. Eigentlich müsste ich mich bei mehreren, ja bei vielen Schriftstellern bedanken, die so manches von dem zur Sprache brachten, was mich bewegt. Erwähnen möchte ich hier bloß Stefan Hermlin, Franz Fühmann, Rolf Schneider, Stefan Heym – und Sie natürlich.

Leider konnte man in unserer Tagespresse herzlich wenig dazu lesen und auch das Hören unserer Rundfunksendungen war in der Beziehung nicht sehr ergiebig – erwartungsgemäß. Unsere Medien wirkten einmal mehr »tendenziös frisiert«, wie es Konrad Wolf im Juni 79 formulierte. Selbst der gutgewillte DDR-Bürger wird dadurch zum Hören und Sehen westlicher Sender und Sendungen getrieben. Ob die Herren, die dafür verantwortlich sind, das wissen??

Ich kenne Menschen, teilweise Mitschüler, die daran zweifeln, dass Ihr Einsatz für den Frieden sich lohnt, etwas bringt. Ich glaube schon.

An unserer Schule – unweit von Ihrer Wohnung (Max-Planck-Schule) – kamen wir im Staatsbürgerkundeunterricht auf das Problem des sozialen Friedensdienstes (SOFD abgekürzt) zu sprechen.

Leicht waren da wieder einmal die Phraseologien von

»Konterrevolutionären Aktionen« und ähnliche »Argumente« bei der Hand. Es ist ganz schön traurig, besonders für Leute, die sich erst eine eigene Meinung dazu bilden wollen. Sie sind dadurch regelrecht erschlagen, abgestempelt und in eine schwarz-braune Ecke geschoben.

An diesem Punkt findet meiner Meinung nach Ihr Einsatz seine praktische Bedeutung. Die Herren Staatsbürgerkundelehrer müssen sich doch etwas anderes einfallen lassen, denn man kann ja nicht auf einen Schlag renommierte, bei uns lebende Schriftsteller zu BÖSEN BUBEN erklären. Man muss auftretenden Widerspruch ernster nehmen, wenigstens anhören. Für diesen, auch von Ihnen geschaffenen Freiraum möchte ich mich herzlichst bedanken und gleichzeitig anfragen, ob ich zum wirkungsvolleren Diskutieren die bei uns unveröffentlichten Diskussionsbeiträge abholen könnte??

Noch etwas:

Gerade hat ein neues Jahr begonnen und da macht man sich ja bekanntlich ein wenig Gedanken um das, was man sich und anderen wünscht. Der meist geäußerte Wunsch ist FRIEDEN. Ist es nicht traurig, daß man sich Frieden wünscht – vor allem, wenn hauptsächlich darunter nur die Abwesenheit von Krieg verstanden wird?

Und doch, so einfach dieser Wunsch auch klingen mag: angesichts des großen Militärpotentials hat das Wort FRIEDEN schon einen utopischen, ja märchenhaften Beigeschmack. Schade.

Im neuen Jahr steckt bereits heute so viel Angst. Angst habe ich auch vor Entscheidungen. Im November erwartet mich der EHRENDIENST bei der NVA. Viele Freunde von mir sind zur Zeit bei der Fahne – wie es so schön heißt. Einer schrieb mir zum Jahreswechsel folgendes[2]:

---

2 Der zitierte Brief stammt von Stefan Bergs Schulfreund, dem Schauspieler Tobias Langhoff (* 1962).

»Jetzt ist hier grad große Hektik, wegen Polen, laufend werden Kompanien gebracht, versetzt und ständig gilt erhöhe Gefechtsbereitschaft. Ist schon Scheiße, ich hab' ziemliches Düsenflattern. Hoffentlich werd ich nicht noch mal versetzt und dann weit Richtung Osten ...«

Auf polnische Arbeiter schießen? Wer möchte schon gern in diese Verlegenheit kommen? SOFD – wäre die Ideallösung.

In diesem Sinne wünsche ich Ihnen für das neue Jahr den Mut, den es bedarf, um für den Frieden einzutreten, den wir alle bitter nötig haben.

Es bedankt sich und grüßt Sie ganz herzlich
Ihr Stefan Berg

10. 1. 82

Lieber Stefan Berg,

über Ihren Brief habe ich mich sehr, sehr gefreut. Vielen Dank! Ich weiß natürlich, dass ich nicht nur für mich gesprochen habe, sondern für viele denkende Menschen, die meinen Auffassungen nahe stehen, sie aber öffentlich nicht äußern können, doch freut es mich natürlich sehr, wenn Einzelne mir das auch bestätigen. Erfreulicherweise sind es viele, die das tun.

Meinen Diskussionsbeitrag habe ich momentan auch nicht mehr; ich habe ihn schon weggegeben, bekomme ihn aber wieder in ein paar Wochen. Vielleicht erinnern Sie mich noch mal daran. Ob man sich in Diskussionen darauf berufen kann, scheint mir allerdings fraglich: Im »ND«[3] ist er nicht einmal erwähnt worden.

---

3 Die SED-Zeitung »Neues Deutschland«.

Ihre Angst vor dem November empfinde ich sofort mit, wenn ich von ihr in Ihrem Brief lese. Leider kann Ihnen die Entscheidung niemand abnehmen. Für mich wäre die Sache klar, aber ich kann gut reden: mich holt ja keiner mehr. Die Verantwortung des Ratschlag-Gebens möchte ich mir nicht aufladen. Vor den Bausoldaten habe ich große Hochachtung. Von denen, die ich bisher gesprochen habe (und das waren eine ganze Menge) hat keiner seine Entscheidung bereut.

Bitte, seien Sie vorsichtig in Ihren Diskussionen. Was ich ungestraft sagen kann, kann Ihnen schlecht bekommen.

Alles Gute für Sie!
Ihr Günter de Bruyn

17. 4. 82

Lieber Herr de Bruyn!

Am Tage der Beerdigung eines Friedenskämpfers unserer Zeit und glücklicherweise auch unseres Landes[4] möchte ich mich, wenn auch etwas verspätet – dafür um so herzlicher – bei Ihnen für Ihren interessanten Brief vom 10. 1. dieses Jahres bedanken. Traurig für mich war und ist zu sehen, wie recht Sie mit so manchem Satz über die Freiheit der Meinungsäußerung hatten und haben. Es ist erstaunlich, wie

---

4 Der Dissident Robert Havemann (1910–1982) wurde am 17. April 1982 beigesetzt.

schnell sich dies auswirken kann z. B.: auf die Studienmöglichkeiten. Es ist ja auch ganz klar. Ein Christ ohne Klassenstandpunkt, ohne politische Überzeugung (vielleicht ist's die falsche), der seine persönlichen Interessen nicht mit denen der Gesellschaft in Einklang bringen kann, der darf einfach nicht Lehrer werden – was sollte auch aus seinen Schülern werden???

Da diese Logik ja doch sehr zwingend ist, bleibt mir nichts weiter übrig als dankend zu sagen »Ich merke – Sie wollen nur das Beste für mich!«

Um mir wenigstens noch andere Möglichkeiten offen zu halten, habe ich erst einmal den Herren ganz normale 1½ Jahre vermeldet.

So – Nun hat sich erst einmal wieder alle Wut entladen, so daß ich zum optimistisch-positiven Teil meines Briefes übergehen kann. Ich schreibe Ihnen – und das will ich nicht mehr länger verheimlichen – um auf Ihr Angebot zurückkommen, das Sie mir hinsichtlich Ihres Manuskriptes vom Schriftstellertreffen machten.

Ich habe nämlich eine Einladung von der CDU-Ortsgruppe Treptow erhalten. Diese führt am 26. des Monats eine Diskussion zum Thema »Frieden« durch. Dabei soll es auch um die – welch ein Pech – weit verbreiteten Aufnäher gehen.[5] Ich selbst war nie Träger!

Da ich in dieses Gespräch nicht gänzlich unvorbereitet gehen möchte, würde ich mich sehr über Ihre Unterstützung in Form des Manuskripts freuen.

Die Gegenwart ist wie junger Reis.
Jeden Tag schießen neue Triebe hervor.

---

5 Die Aufnäher mit dem Schriftzug »Schwerter zu Pflugscharen« wurden zum Symbol der unabhängigen Friedensbewegung in der DDR.

Am Ende wird die Zukunft kommen
wie ein voller, duftender Strauß.
Kirti Chandhuri

Voller Hoffnung auf diesen »Zukunftsstrauß«
grüße ich Sie ganz herzlich

Ihr Stefan Berg

PS: Da ich in der Auguststraße zur Schule gehe, wäre mir –
wenn Ihnen genehm – es möglich, mir das erhoffte Manu-
skript abzuholen.

NVA
WKK Treptow[6]
119 Berlin
Hasselwerderstr. 22
PF 71515

2.9.1982

Betr.
Wehrdienst
Hiermit teile ich Ihnen mit, daß ich entsprechend der »An-
ordnung des Nat. Verteidigungsrates der DDR über die Auf-
stellung der Baueinheiten im Bereich des Ministeriums für
Nat. Verteidigung« vom 7. September 1964 meinen Ehren-
dienst in den Baueinheiten des Ministeriums für Nationale
Verteidigung ableisten möchte.
Hochachtungsvoll
gez. Stefan Berg

---

6 WKK: Wehrkreiskommando.

Begründung der Entscheidung

Da ich als Christ bemüht sein muß, stets den christlichen Normen der Moral entsprechend zu handeln, und da zu diesen Normen auch die 10 alttestamentlichen Gebote gehören, die besagen, daß das Töten untersagt ist, lehne ich das Erlernen des Umgangs mit der Waffe, da dies die Voraussetzung zur Tötung ist, ab.

Darum beabsichtige ich meinen 1½ Jahre-Dienst in der NVA in den Baueinheiten abzuleisten.

gez. St.Berg

Saßnitz, 7.11.82

Moritat
Wen es stört,
daß ich zum Denken
nicht seinen
sondern meinen
Kopf benutze,
der sollte –
vielleicht einen Tag lang –
versuchen
mit meinem Kopf zu denken.

Eines allerdings
würde ich auch dann nicht
für ihn übernehmen:
die Verantwortung.
(Heinz Kahlau)

Lieber Günter de Bruyn!

Nach langem Schweigen meinerseits möchte ich mich bei Ihnen wieder melden. Bloß mit einem Unterschied: Ich bin nicht mehr Zivilist – ich bin Soldat, Bausoldat. Sie hatten mir damals diese Möglichkeit zwar nicht empfohlen, jedoch nahe gelegt. Heut war Gelöbnis mit unbedingtem Gehorsam, mit Verteidigung der DDR und und und ...[7]

Natürlich Bausoldat – ein Kompromiß – ein fauler, aber was bleibt mir übrig??

Nichts weiter als zu ducken, so wie es befohlen wird. Natürlich versuchen hier so einige sich quer zu stellen, und so manches mal bin auch ich schon aus der Haut gefahren. Was bringts? Klo waschen!!

Das einzig Schöne an diesem Zeltlager, in dem man entweder friert oder zu Tode schwitzt, ist, daß man das Meer rauschen hört.

Überhaupt: Die Natur hilft mir hier unheimlich.

Die Sonne, ich beneide sie, sie muß kein Frühsport machen, steht später auf als ich, trägt die Strahlen, so lang sie will. Und der Herbstwald? Nicht uniformiert – bunt sind seine Blätter, fallen ohne Befehl, ohne militärische Disziplin. Die Bäume greifen in den Himmel und kein Ast fragt, ob es ihm erlaubt, genehmigt wurde.

Ich werfe der Möwe mein Brot zu, und bitte sie für mich zu fliegen. Wenn ich hier sitzen muß, soll sie wenigstens in die Höhe steigen, in Freiheit leben.

Und ich schreibe vielen Menschen, damit ich selber hoffe, jemand denkt an mich. Was soll ich tun? Ich kann die Freiheit nur grüßen.

---

[7] Die sogenannten Bausoldaten legten keinen Eid ab, sondern lediglich ein »Gelöbnis«.

Und so bitte ich Sie,
lieber Herr de Bruyn,
helfen Sie weiter Menschen, Kraft zu finden,
die Kraft, sich selbst, den Mensch zu finden.
In diesem Sinne
grüßt ganz herzlich
Ihr Stefan

12. 11. 82

Lieber Stefan,

eben bekomme ich Ihren Brief und will, obwohl ich in Eile bin, Ihnen schnell sagen, wie sehr ich mich gefreut habe über ihn, weil ich ja weiß, wie sehr man in Ihrer Lage auf Post wartet, weil die ja die einzige Verbindung zum Leben, zum lebenswerten Leben, ist.

Gefreut hat mich natürlich nicht die Lage, in der Sie sich befinden, sondern die Tatsache, daß Sie in Ihrem unangenehmen Dasein an mich gedacht haben.

Zu Ihrem Entschluß, Bausoldat zu werden, meine herzliche Gratulation!

Sagen Sie nicht: fauler Kompromiß – ich finde Ihren Entschluß sehr achtenswert, es ist das Beste, was Sie tun konnten.

Im Zeltlager hausen Sie? Aber doch wohl hoffentlich nicht lange!? Ja, die Natur kann trösten, aber traurig macht sie doch auch. Weil man da immer denken muß: die blüht und vergeht und verfärbt sich und rauscht, ohne sich um unser Unglück zu kümmern.

Folgender Trost ist billig, aber wahr: Die ersten Wochen sind immer die schlimmsten!

Ich wünsche Ihnen Gelassenheit, Kraft und vor allem ein paar gute Leute um Sie herum!

Herzlich
Ihr
Günter de Bruyn

Kann ich Ihnen irgendwas schicken? Was brauchen Sie, worüber freuen Sie sich?

Saßnitz, 17. 11. 82

Lieber Herr de Bruyn!

Für Ihre lieben Zeilen, die trotz Eile geschrieben wurden, möchte ich mich ganz herzlich bedanken. Die ersten Wochen sind vorbei, vor allem die belastende Grundausbildung, und alle hoffen, daß nun die Zeit der Ruhe kommt, der relativen selbstverständlich ...

Ich für meinen Teil habe schon etwas Ruhe, bin ein Innendienstkranker, darf also bloß in geschlossenen Räumen sitzen. Ich kränkle etwas; Husten, Schnupfen, Heiserkeit, was bei diesen verdammten Zelten auch kein Wunder ist. Und damit bin ich schon bei Ihrer Frage nach den Zelten. Ja, wir werden hier wohl noch Weihnachten »feiern« (besser trauern). Vielleicht sogar Ostern.

Demnächst sollen wir zwar Eigenheime bauen, die für uns bestimmt wären, doch z. Zeit beschäftigt man uns noch mit dem Ziehen von Gräben, Anlegen von Wegen in der Zeltstadt, wie es immer heißt. Es wird wohl noch so manche Grippe und so manche Nierenentzündung Einzug halten, bevor wir uns in Häusern oder häuserähnlichen Dingen einnisten können.

Man kann es ruhig so sagen: Die Schweine haben es wärmer in ihren Ställen.

Ich habe hier viele liebe Menschen um mich. Sogar einige Vorgesetzte gehören dazu.

Für mich, den hier allerdings mehr politische als religiöse Motive hertrieben, ist es allerdings nicht ganz einfach. Einige sind hier regelrecht zu fromm, zu frömmelnd. Ein Tischgebet sprechen und dann »Scheiß Fraß« rufen, paßt irgendwie nicht zusammen. Dazu kommt, daß einige von diesen Spezialisten mit den »Ungläubigen«, zu denen ich natürlich, ohne gefragt zu werden, gerechnet werde, regelrechte Teufelsaustreibungen betreiben. Das macht mich dann immer etwas betroffen, wo ich doch auf Gemeinschaft gehofft hatte.

Die herrliche Natur hier kann dies nur zum Teil ausgleichen, sie ist Trost, aber zeigt auch die eigene Unfreiheit!

Noch etwas, bevor ich schließe: Sie fragen mich, worüber ich mich freuen würde.

Natürlich in erster Linie über Post. Wie Sie selbst schrieben, einzige Möglichkeit des Kontaktes mit dem lebenswerten Leben. Die Verpflegung ist relativ gut, und für allerlei Süßes für die Abende sorgen schon meine lieben Eltern, besonders die Mutter natürlich, die es manchmal sogar etwas übertreibt!

Da ich aber in Sorge bin, bzw. regelrecht Angst habe, kulturell zu verarmen (1½ Jahre machen viel möglich!), würde ich mich natürlich freuen, etwas Nachdenkenswertes zu bekommen. Ich denke, dies von Ihnen zu wünschen, ist naheliegend und auch nicht unbescheiden.

Nun muß »klar Schiff« gemacht werden!

»Klar Schiff!« »Backen und Banken!« »Landgang!« »Koje

bauen!« – Ich bin bei der Marine. Recht witzig, wo ich doch nie auf ein Schiff komme.

Es grüßt Sie und
dankt Ihnen ganz
herzlich Ihr Stefan

PS: Mein Lieblingsspruch
Wenn man den Hahn auch einsperrt,
die Sonne geht doch auf!

Berlin, 28. 11. 82

Lieber Stefan,

daß Sie sich schon erkältet haben, war ja zu erwarten. Hoffentlich wird nichts Ernstes draus, obwohl Krankheit beim Militär nicht das Schlechteste sein muß.

Über den Marine-Jargon bei Ihnen habe ich wirklich lachen müssen. Aber albern, kindlich oder auch grotesk ist das Militärische ja überhaupt – von außen gesehen. Ich weiß, wenn man drin ist, gibts wenig zu lachen. Aber über den Offizier, der stolz darauf ist, einen Stern mehr auf der Schulter zu haben, kann man sich vielleicht doch amüsieren.

Daß Sie auch einige Vorgesetzte zu den »lieben Menschen« zählen, freut und verwundert mich. Was Sie von den frömmelnden Christen erzählen aber, hat mich betroffen gemacht, denn die vielen, denen ich begegne, sind immer gütig und tolerant. Fanatiker jeglicher Art sind eben unangenehm. Ich nehme an, daß es sich bei den »Teufelsaustreibern« um Angehörige von Sekten oder Freikirchen handelt. Oder? Die vielen evangelischen Pastoren wie Pastorenkinder, die ich kenne, sind jedenfalls nicht so.

Ist denn Aussicht, Weihnachten nach Hause zu dürfen?

Ein vollständiges Protokoll der »Berliner Begegnung« könnte ich Ihnen jetzt schenken, aber das Ihnen zu schikken, scheint mir doch nicht ratsam.

Um Ihrer »kulturellen Verarmung« entgegenzuwirken, wird mir noch etwas anderes einfallen. Haben Sie denn Zeit zum Lesen unter diesen miesen Umständen?

Mit herzlichen Grüßen
Ihr
Günter de Bruyn

[ohne Datum]

Lieber Stefan,

den Stefan Zweig, der sich 1942 im Exil umgebracht hat, habe ich früher sehr geschätzt, heute nicht mehr so sehr, aber die beiliegende Kurzgeschichte[8], die ich Ihnen in dieser seltenen hübschen Ausgabe schenken möchte, finde ich doch noch sehr gut: als Ausdruck der Sinnlosigkeit und Grausamkeit des Krieges.

Bei einer Lesung kürzlich erzählte mit jemand: Sein Sohn sei bei der Musterung in eine Diskussion geraten und habe dabei Äußerungen von der »Berliner Begegnung« angeführt, worauf der Offizier »diese« Schriftsteller als Verbrecher oder

---

8 Bezieht sich auf die Novelle »Episode am Genfer See« von Stefan Zweig (1881–1942), die die Geschichte des russischen Fahnenflüchtlings Boris im Ersten Weltkrieg erzählt.

Spinner bezeichnet habe. – Nur damit Sie wissen, mit wem Sie es zu tun haben!

Bleiben Sie gesund! Lassen Sie sich nicht unterkriegen
Ihr Günter de Bruyn

»Was auch immer geschieht:
Nie dürft Ihr so tief sinken,
Von dem Kakao, durch den man Euch zieht,
Auch noch zu trinken!«
Erich Kästner
(Allerdings nur aus dem Gedächtnis, ohne Garantie für Genauigkeit also)

Saßnitz, 3. 12. 82

Lieber Herr de Bruyn!

Das Knattern von Maschinengewehren ist es, was mich nun schon eine viertel Stunde beschäftigt und von dem ablenkt, was ich eigentlich tun wollte: Ihnen Dank sagen.

In trauter Gemeinsamkeit lagen gestern Abend Ihre Briefe und ein »Neues Deutschland« auf dem Tisch. Zum Glück sprechen die Zeitung und Ihre Briefe eine andere Sprache. Vielen Dank also nochmals für die lieben Zeilen (die man hier bitter nötig hat) und die Geschichte von Stefan Zweig. Sie hierherzuschicken grenzt an Wehrkraftzersetzung! Der Offizier hatte also doch recht, wenn er Sie und die anderen ehrlichen Menschen beschimpfte! (Nebenbei bemerkt, scheint mir ein Fluch eines dieser Militaristen mehr Auszeichnung zu sein als irgendeine Preisverleihung.)

Inzwischen hat sich zum herzerfrischenden Geknatter der Gewehre noch der feste Tritt deutscher Soldaten gesellt! Fein ist das, wenn man Freizeit hat und sich so richtig sicher fühlen kann.

Obwohl laut Aussage unseres Kapitänleutnants der Tag des Soldaten 25 Stunden hat, fällt ab und zu ein Stündchen Freizeit ab. Da kann man mal die Stiefel putzen, Fußboden bohnern, waschen + rasieren. Und wenn man dabei 5 Minuten rausarbeitet, ist auch Zeit zum Schreiben von Briefen + zum Lesen + zum Kaffee trinken.

»Aber, Herr, Sie können mir doch nicht verbieten, zu meiner Frau heimzukehren und zu meinen Kindern! Ich bin doch nicht Soldat mehr!«

Der arme Boris. Auch hier im Lager gibt es viele, die Boris gleich sind. Frau und Kinder warten, richtige Soldaten sind wir ja auch nicht. Bausoldaten. Inzwischen rotieren wir in 2 Schichten. Von $4^{\underline{30}}$ – $13^{\underline{00}}$ und von $13^{\underline{30}}$ – $21^{\underline{30}}$. Zur Zeit bin ich 2. Schicht mit Freizeit am Vormittag (Freizeit beginnt mit Frühsport um $6^{\underline{00}}$! + dann wie beschrieben!) Schichtarbeiter wohnen in Zelten! Das ist neu; das gab's noch nicht mal im schlimmsten Kapitalismus. Regelrecht verscheißert komme ich mir vor, wenn ich an meiner eigenen Unterkunft baue.

»Macht schnell, macht schnell, je schneller ihr seid, desto früher könnt Ihr einziehen!« Jeder weiß hier, daß es damit al-lerfrühestens im April [etwas] wird. Dann kommen Zweifel auf: Nütze ich nicht dem Staat bzw. der Armee mehr als ein normal dienender Soldat, der bloß Wache steht? Ich schaffe für diesen Laden sogar noch Häuser, Werte also?

Nochmal (ein letztes Mal hoffentlich) zu den »Teufelsaustreibern«. – Es ist, wie Sie sagen. Die meisten von der Sorte sind Freikirchler, teilweise von der Stadtmission oder der Landeskirchlichen Gemeinschaft. Diese Leute sehen sich großteils völlig ohne jegliche Haltung zum Staat, sehen ihre Entscheidung als rein religiös, ohne polit. Charakter an. Daß wir uns ab und zu in die Haare bekommen, ist dann natürlich klar. Wenn es z. B. um Eingaben geht (ein ganzer Haufen inzwischen, darunter eine ans ZK[9] und den Polit-Chef Keß-ler[10] wegen der Unterkünfte) dann muß man sich sagen lassen, »daß so eben Armee ist«, »was hast Du denn erwartet«, »na, es geht ja alles vorbei!« Z. Zeit kommt dazu noch das »Ringen« um Urlaub. Silvester-Urlaub + Weihnachtsurlaub 50/50 stehen fest. Ich komme Silvester raus. Aber vorher kann man in Kurzurlaub, KU genannt, von Sonnabend Mittag bis Montag zum Dienst. Und leider treibt das viele zum Arbeiten + zum ordentlich + still sein an.

Ich für meinen Teil halte da Abstand. Der Preis, den ich für solch lächerlichen KU bezahlen soll, ist mir einfach zu hoch. Außerdem sollen erst mal die Familienväter raus, ehe ich 18-jähriger Spunt das Weite suche.

Silvester steht fest. Bis dahin kann ich warten. Basta. Übermorgen (Sonntag) kommen meine Eltern hoch. Vielleicht bekomme ich dazu Ausgang (als Matrose sagt man dazu natürlich »Landgang«).

Meinen direkten Vorgesetzten rechne ich wirklich zur Art Mensch. Er ist genauso eine »arme Suppe« wie wir. Bloß: Man hat ihn bequatscht und eingelullt, wegen Studium. Genau wie wir hat er die Schnauze voll. Wenn man überlegt, daß er erst ein ½ Jahr nach uns rauskommt ...

Er ist vom Bau, kann also auch mal kräftig zupacken (beim Biertrinken wie beim Zementtragen), und wenns ums Blödeln geht, ist er dabei.

Jetzt möchte ich meinen Lagebericht über mein Soldatendasein beenden. Langsam gehts auf Mittag zu, und zum »Backen u. Banken« muß noch meine Kleiderordnung hergestellt sein.

---

9 Zentralkomitee der SED.
10 Heinz Keßler (* 1920), damals Generaloberst, Stellvertretender Minister für Nationale Verteidigung und Chef der Politischen Hauptverwaltung der Nationalen Volksarmee.

Übrigens würde ich mich natürlich über ein Protokoll der
»Berliner Begegnung« freuen. Es jedoch hier zu haben, wäre
taktisch unklug.
  Wie es sich für einen Soldaten gehört
  ein richtiger Schluß
  »Genosse Dienstgrad (Herr G. d. B.) gestatten Sie, daß ich
wegtrete?«
  Grußerweisung
  (stramme Körperhaltung)

  Nochmals
  Vielen Dank + Viele Grüße
  Ihr Stefan

PS: Den Brief habe <u>ich</u> so zugeklebt!

[Dezember 1982]

  Erich Kästner
  Sergeant Waurich

  Das ist nun ein Dutzend Jahre her,
  da war er unser Sergeant.
  Wir lernten bei ihm: »Präsentiert das Gewehr!«
  Wenn einer umfiel, lachte er
  und spuckte vor ihm in den Sand.

  »Die Knie beugt!« war sein liebster Satz.
  Den schrie er gleich zweihundertmal.
  Da standen wir dann auf dem öden Platz
  und beugten die Knie wie Goliaths
  und lernten den Haß pauschal.

Und wer schon auf allen vieren kroch,
dem riß er die Jacke auf
und brüllte: »Du Luder frierst ja noch!«
Und weiter gings. Man machte doch
in Jugend Ausverkauf ...

Er hat mich zum Spaß durch den Sand gehetzt
und hinterher lauernd gefragt:
Wenn du nun meinen Revolver hättst –
brächst du mich um, gleich hier und gleich jetzt?
Da hab ich »Ja!« gesagt.

Wer ihn gekannt hat, vergißt ihn nie.
Den legt man sich auf Eis!
Er war ein Tier. Und er spie und schrie.
Und Sergeant Waurich hieß das Vieh,
damit es jeder weiß.

Der Mann hat mir das Herz versaut.
Das wird ihm nie verziehn.
Es sticht und schmerzt und hämmert laut.
Und wenn mir nachts vorm Schlafen graut,
dann denke ich an ihn.

Kästners Erfahrungen mit dem Militär stammen aber von
1917/18.

Überstehen Sie das für Sie so böse Jahr 83 gut!
Ihr Günter de Bruyn

24.12.82

Lieber Herr de Bruyn!

Als erstes möchte ich Ihnen für die Weihnachtsgrüße danken. Die Zusammenstellung (2 Karten) traf genau die Stimmung hier. »Die Maßnahme Weihnachten wurde durchgeführt« – Leider ist dieser Satz kein Produkt meiner Wut, sondern ein Zitat von Hochwürden, der sich ja soviel Mühe gegeben hat, damit »Weihnachten auf Soldatenart« (auch wörtlich!) auch ja recht beschissen wird. Heilig Abend sah so aus:

Vormittags: Strafexerzieren, da Unruhe in der Marschordnung auf dem Weg zum »Backen und Banken«! Kohlenschaufeln!! Das war nun der Gipfel überhaupt. Kohlenschaufeln! Zwei Hänger voll!

Zwischendurch muß man sich anhören, was man für eine militärische Schlampe doch sei. Ich sag Ihnen, soviel Haß habe ich noch nie gespürt. Mit jeder Schaufel wuchs er; und es waren nicht gerad wenig Schaufeln! Wenn man sich dann noch von irgendeinem dahergelaufenen, arbeitsscheuen Vorgesetzten nette Sprüche anhören muß … Ich war mal ein friedlicher Mensch, aber hier bleibt einem nichts weiter übrig als zu hassen!

Nach dem Mittag (Kartoffelsuppe!!) wurde dann also die Pflichtmaßnahme Weihnachten eingeführt. Kein Filmemacher der Welt hätte es besser inszenieren können: Lange Tafel, Kaffee + Kuchen + Kerzen; an der Stirnseite der Chef mit Sonntagslächeln, ein paar Worte: »So ist Soldatenweihnacht!!« (wörtlich!). Und dann bat er unseren Kulturverantwortlichen um Musik. Der setzt sich ans Klavier und spielt Kleidermann.[11] Hervorragend! Totenstille. Großes Nachdenken; an die, die draußen unfrei sind, erinnern, träumen.

---

11 Gemeint ist der französische Pianist Richard Clayderman (* 1953).

45

Jeder versucht sich auf seine Art fortzudenken.

Mal blickt einer auf, sucht den Blick des Gegenüber. Findet ihn. Doch auch da die gleiche Traurigkeit. Leere. Dazu das Klavier. Selbst unseren Chef hat diese Stimmung erfaßt, ergriffen. Doch auf die Dauer paßt es den Herren nicht. Peinlich berührt klappert er mit dem Geschirr, gießt sich Kaffee ein, fängt an zu essen und sagt: »Die Tafel ist eröffnet.« Getuschel, wieder Ruhe. Sekunden? Minuten? Dann der Chef: »Eh, Genosse, komm'se mal vom Klavier da, ja? Machen'se nachher weiter, legen 'se mal 'ne Platte auf. Was Heiteres. Is doch'n frohes Fest, Genossen!« Nach einer halben Stunde ging er dann, wünschte einen angenehmen Abend und wir müssen entschuldigen, aber er habe ja auch Familie. Die Veranstaltung artete dann vielleicht 20 Minuten lang in eine Fresserei aus und löste sich auf. Weihnachten beendet. Jetzt ist es 17$\underline{^{00}}$ Uhr. Ich sitze allein im Zelt, schreibe, grüble, schreibe und grüble wieder; was ich wohl täte, wenn … zu wem ich im Urlaub alles gehen werde, was ich ab Mai 84 machen werde. Da ist alles ungewiß. Ich denke an die vielen Möglichkeiten, die man mir hier verbaut und die ich anderswo hätte. Manchmal steh ich am Meer, sehe die Schwedenfähre und komme mir vor wie ein Neger, der nicht in den Bus darf, nur weil er schwarz ist, komme mir vor wie ein Affe, der hinter Gittern auf Bananen wartet und hofft, bloß mit dem Unterschied, daß ich einen Hunger habe, der nicht zu stillen ist. Ich denke an den letzten Sommer, an Bulgarien, an die Ausgelassenheit; ich höre mich lachen – ganz, ganz weit weg. Und wieder denke ich an die lieben Menschen, die da draußen sind und vielleicht an mich denken, denen ich auch die Festlichkeit, die Wärme nehme, die Illusion. Ich frage mich, wofür man mich straft, was ich getan habe. Habe ich jemanden umgebracht, habe ich jemanden bestohlen? Woher nehmen die oben das Recht zu sagen »Stefan Berg; 2. 11. 82; Einberufung«, woher? Und wieder die Frage nach dem Hierbleiben –

46

aber ist es nicht feige abzuhauen? ist die Gegenfrage. Da ist die Sehnsucht nach einem Bett ohne Gitter am Kopf- oder Fußende, nach zwei warmen Händen, die all die Sorgen nehmen könnten; für Minuten bloß, aber immerhin. Bloß weg. Bloß weg.

Vor einigen Tagen hatte ich ein aufschlussreiches Gespräch mit einigen Höhergestellten (Dienstranghöher!!), Korvettenkapitänen und Fregatten, wegen meiner Eingabe betreffs der Zelte. Was ich mir da alles anhören musste!!,

– daß man in einem U-Boot viel schlechter wohnt,

– daß während der Blockade von Leningrad die Menschen auch kein Dach überm Kopf hatten,

– daß wir hier beim Militär sind und zivile Ansichten hier uninteressant sind,

– woher die armen, die Vorgesetzten die Zeit hernehmen sollen, Eingaben zu beantworten … und … und … und

Außerdem: »Wissen Sie, Genosse Berg, wir brauchen mehr Spieler und weniger Schiedsrichter.«

Besser könnten es die Tyrannen in Chile oder Polen wohl auch nicht formulieren!

Man muß sich anhören, daß man erst da riechen muß, wo andere hingeschissen haben, daß wir Waschweiber, aber keine Männer sind, daß aus uns noch Menschen gemacht werden müssen, man muß sich körperlich züchtigen lassen. – Junge Junge, wo und wann hat man mich auf die Welt gesetzt!?

Ach es ist schon ein Scheißspiel, jedesmal nehme ich mir vor Briefe zu schreiben, die nicht voller Wut und Haß sind, aber soll ich lügen.

Ich möchte brüllen! Die Wahrheit in die Welt brüllen ohne Bedacht ohne Vorsicht. Ich möchte die nackte Wahrheit ins Meer werfen, daß sie treibe in alle Welt … Ich möchte die Wahrheit dem Wind überlassen, daß er sie blase in jedes Hirn!!

In diesem Sinne grüße ich Sie ganz herzlich, wünsche Ihnen eine erholsame Zeit zwischen Weihnachten + Silvester, einen guten Rutsch und alles Liebe

Ihr
Stefan

[ohne Datum]

Lieber Stefan,

haben Sie herzlichen Dank für Ihren langen Brief vom Heiligabend. Unheimlich beeindruckt hat der mich – nicht zuletzt dadurch, daß er genau die Empfindungen schildert, die ich in Ihrem Alter gehabt habe. Daß das nun schon bald 40 Jahre her ist, kommt mir unglaublich vor, so frisch ist bei mir noch das Entsetzen und die Wut. In vielen Einzelheiten war das anders damals, aber in den Grundzügen doch genauso. Auch ich hab mir immerzu gesagt: was berechtigt die dazu, das mit mir zu machen! Und nie verstanden, daß es Tausende gibt, die diese moderne Form der Sklaverei als ganz normal ansehen.

Ihre Schilderung der Weihnachtsfeier ist ganz phantastisch gut! Ich hab das richtig miterlebt. Den Chef-Typ glaube ich zu kennen. In Ihre Stimmung kann ich mich gut hineinversetzen. (Nur eine Frage dazu – vielleicht Zeichen meiner Unbildung, vielleicht Leseschwierigkeit –: Was hat der Klavierspieler gespielt: Kleidermann?)

Durften Sie denn nun Sylvester in Urlaub fahren? Und wenn ja, wie war es?

Die Vorstellung, daß das ganze Jahr 83 für Sie verloren ist, macht mich mit traurig. Welch schöne, sinnlos vertane

48

Zeit! was haben Sie eigentlich vor, <u>wenn das mal vorbei ist?</u>

Ich wünsche Ihnen, daß der Winter so milde bleibt! Bleiben Sie gesund!

Ein bißchen Sturheit möchte ich Ihnen wünschen, seelische Hornhaut, Gleichgültigkeit – aber ich weiß nicht recht, ob das wünschenswert ist. Denn so ein Normal-Anpasser, mit dem man machen kann, was man will, sollen Sie ja auch nicht werden.

Herzlich
Ihr Günter de Bruyn

4. 1. 83

<u>Lieber Herr de Bruyn!</u>

Einen Tag bevor ich wieder in mein schönes Zelt ziehen darf (muß?!), wollte ich Ihnen noch ein schönes neues Jahr wünschen. Nun also auf diesem Weg.

Viele Grüße
Ihr Stefan Berg

PS: Ab 10. 1. bin ich in Dranske (»Süd-Schweden«).
Meine neue Adresse hab ich noch nicht.

Lieber Herr de Bruyn!

Endlich habe ich ein Zimmer mit Seeblick!

Es ist herrlich, aufs Meer zu sehen.

Der Grund: Ich liege seit dem 7. im Med-Punkt. Der Med-Punkt ist eigentlich ein Med-Fleck, aber an dieses kastrierte Deutsch gewöhnt man sich leider und übernimmt schon so manches hirnverbrannte Wort. Jetzt hätte ich fast vergessen zu schreiben, warum ich hier bin. Eine Nierenentzündung ist Grund dafür. Zum Glück bereitet sie nur selten Schmerzen, kein Grund zur Panik. Es tut verdammt gut, hier zu liegen, zu schlafen, zu lesen und mal über Gott und die Welt nachzudenken. Zum Glück habe ich auch die Zeit, meinen Poststapel abzuarbeiten, der sich während des Urlaubs angesammelt hat. Vielen Dank für Ihre Zeilen, die ich noch am Tage meiner Ankunft gelesen hab: (Nachts 3 Uhr!)

Herr de Bruyn, es ist viel passiert, und ich weiß bis jetzt noch nicht recht, wo ich anfangen soll. Da war also ein ganz toller Urlaub (meinen Zettel haben Sie ja gefunden!?). Vom 29., 22^{15} war ich in Berlin. War das toll, in den Ostbahnhof einzufahren. Es ist unbeschreiblich!! Am 6. mußte ich früh zum Dienst wieder hier oben sein. Auch das war unbeschreiblich. Wenn man überlegt – es ist ein Gegensatz – unbeschreiblich – Tränen der Freude – Tränen der Trauer – und nur eine Woche dazwischen. Aber was heißt »nur eine Woche«! Ich habe nie gedacht, was 1 Woche für mich bedeuten kann. Im Verhältnis zu den 2 Monaten Verbannung kamen mir die Tage draußen wie eine Ewigkeit vor. Ach, tat das gut – durch die Stadt zu laufen – ob Sonne ob Regen – unter Menschen zu sein – in richtigen Sachen – Jeans + Parka, S-Bahn zu fahren, im Alltag zu drängeln, zu schubsen, in Kneipen zu sitzen.

Die ganze Woche war ich mit einer holden Weiblichkeit

zusammen, und ich habe jetzt wieder Kraft und eine Lebenslust – herrlich. Vor diesem Urlaub bestand mein Leben – mein Dasein besser aus einem Zurückblicken – man spricht von Reisen, von der »guten alten Penne Auguststraße« ... oder man unterhält sich darüber, was man wohl machen wird, wenn man rauskommt nächstes Jahr (nächstes Jahr – hört sich gar nicht mal so lang an!). Aber nun freue ich mich wieder auf jeden Tag – auf Post – darauf, allen Ärger verarbeiten zu können. Sie schreiben, daß ein ganzes Jahr verloren ist. Natürlich – viel lieber würde ich – ach tausend Dinge gäbs – aber ich will 1½ Jahre nicht einfach streichen – nicht – bloß nicht abstumpfen!

Sie fragen, was ich vorhabe, wenn ich hier rauskomme, Ich muß Ihnen gestehen – daß ich mich das auch frage ... Die Studien, die mich interessieren, sind für mich unmöglich zu erreichen. Lehrer? Da habe ich ja regelrecht Berufsverbot (wie die Worte meiner Klassenlehrerin + des Direktors dies auch zu verbergen suchten – ich nicht – war ihre Meinung!)

Dann gibt's da noch so eine Sache – mehr als ein Hobby: Die Schauspielerei – ich habe in mehreren Filmen mitgespielt (zuletzt »Endlich Fliegen« v. Rudi Strahl[12] am 2.1.83 13^{30} TV) und habe Sprecherziehung, Laienspiel ... aber ich habe keine Lust, mich zu verkaufen. Prostitution? Nein danke.

Dann noch eine Möglichkeit – Kirche. Ich habe zwar mit Kirchens viel zu tun, bin in der Spielgemeinde »Die Boten«[13], aber mir fehlt da einiges zu, hauptamtlich dort einzusteigen. Und warum sollte ich Kirchens irgendeinen Glauben, irgendeine Frömmigkeit vorspielen, wenn ich das beim Staat auch nie getan habe?

---

12 Rudi Strahl (1931–2001) gehörte zu den meistgespielten DDR-Theaterautoren, er schrieb zahlreiche Drehbücher fürs DDR-Fernsehen, darunter »Endlich Fliegen«.
13 Kirchliche Theatergruppe aus Berlin, die in der gesamten DDR aufgetreten ist.

Hier bei den Bausoldaten gibt es Leute, die genauso dasitzen wie ich – ohne Perspektive in diesem Land, die mir raten (und es selbst tun!) rüber zu gehen. Per Ausreiseantrag, oder auf anderen Wegen. Ich habe mir die Sache durch den Kopf gehen lassen – aber ich weiß nicht – ich glaube, ich gehöre hier hin in dieses Land – wo kämen wir den hin, wenn alle Leute mit etwas Durchblick rübergehen würden. Ach, es ist schon (das Wort sei mir erlaubt) ein Scheißspiel.

Gestern gab es zum x. Male den »Rat der Götter« im Fernsehen. Es ist schon erstaunlich (im positiven Sinne), was die DEFA für Filme gemacht hat. Heute wäre so ein Streifen mit soviel pazifistischem Gedankengut (auch in »Mörder sind unter uns«) wohl nicht mehr möglich.[14] Erschreckend sind die Parallelen zur Gegenwart. Eine Szene sprach Bände: Irgendein Wehrmachtsboß tritt auf. »Achtung!« brüllt ein Soldat. Er darauf »Weitermachen!«. Ja es ist bloß eine Nebensächlichkeit, aber in so kleinen Dingen kommt der Zeitgeist zum Ausdruck. Sie schreiben ja selbst »… aber in den Grundzügen doch genauso …« Die gleichen Empfindungen hatten Sie vor 40 Jahren?! Dem entnehme ich, daß Sie auch die Ehre hatten, fürs Vaterland zu dienen? Würde mich ja interessieren, wie Sie die Kriegszeit verbracht haben.

Nun noch zu Ihrer Frage nach dem Klavierspieler. Leider habe ich den nicht »zur Hand«. Er ist bereits mit dem größten Teil von uns nach Dranske versetzt worden. Werde ihn aber fragen, wenn ich auch dahin komme. Dranske am äußersten Zipfel der DDR soll unser Standort bis Oktober sein. Da soll irgendeine Heizleitung gebaut werden. Leider kommen die meisten Leute, mit denen ich mich gut verstehe,

---

14 »Rat der Götter«: DEFA-Film aus dem Jahr 1950 nach einem Drehbuch von Friedrich Wolf (1888–1953) über den IG-Farben-Konzern im Nationalsozialismus. »Die Mörder sind unter uns«: DEFA-Film von 1946, Buch und Regie: Wolfgang Staudte (1906–1984).

nicht dorthin. Na vielleicht bewahrt mich mein »Nierenleiden« davor. Eben war ich im Krankenhaus Saßnitz röntgen. Verdacht auf Nieren-Steine. Wäre weniger schön. Aber was solls, beeinflussen kann ichs ja doch nicht.

In für Armeeverhältnisse
guter Stimmung
grüßt Sie
ganz herzlich
Ihr Stefan

PS: Welche Adresse ist denn nun bei Ihnen angesagt?
[...]

17.1.83

Lieber Stefan,

falls die Krankheit nicht wirklich noch schlimmer wird, kann man Ihnen ja gratulieren: Erst solch schönen Urlaub und dann Ruhe, ein sauberes Bett und Meerblick. Dehnen Sie das mal tüchtig aus, wenn's geht. Gern würde ich Ihnen was zum Lesen schicken, aber was? Und sicher gibts da Bücher, und eigene belasten Sie bloß.

Ja, mit den verlorenen 1½ Jahren, da haben Sie recht: man darf sie nicht verloren geben. Sie sind es ja auch nicht. Man lernt in einer Weise andere Menschen (allerdings nur Männer) kennen, wie sonst nie. Man lernt sich selbst besser kennen, erfährt, was man aushält und was nicht, und vor allem lernt man das Zivil-normal-Alltägliche schätzen, weil mans vermißt. (Von den Mädchen rede ich nicht, die sind auch vorher schon wichtig genug.) Ich hab damals (bei mir waren es über 2 Jahre)[15] auch bildungsmäßig viel gelernt, aus Büchern und mehr noch von Freunden, die weiter waren als ich. Richtig schlimm war es nur, wenn ich unter lauter Idioten war, ich meine, unter Leuten, mit denen mich so gar nichts verband, die nicht nur dumm waren, sonst auch stur und dumpf, denen es beim Militär sogar gefiel und die an den Endsieg glaubten und mit denen man nicht mal auf den ganzen Mist schimpfen konnte. Wenns gar nicht mehr ging, landete ich dann auch regelmäßig im Lazarett oder im Med.-Punkt (der früher Revier, eigentlich: Kranken-Revier hieß.)

Haben Sie denn das Kästner-Gedicht, das ich Ihnen abschrieb, auch gekriegt?

Zu den Zukunftsfragen sage ich nur: Bleiben Sie doch hier, solange es nur geht! Mir gehts doch ähnlich, seit Jahren und Jahren.

Irgendwie wird es schon werden, und Kirche ist so schlecht nicht. Und beim Film läßt sich doch vielleicht auch was machen. Das Schöne an unserer Gegend ist doch, daß man mit relativ wenig Geld, ohne zu hungern, leben kann.

Werden Sie schön gesund – ohne das Bett verlassen zu müssen!
Herzlich Ihr
Günter de Bruyn

Ihren Zettel fand ich. Schade, daß ich nicht da war. Ich hätte gern ein paar Worte mit Ihnen geredet. [...]

---

15 Günter de Bruyn wurde 1943 im Alter von 16 Jahren Luftwaffenhelfer, 1944 versetzte man ihn zum Reichsarbeitsdienst nach Ostpreußen, wo er schwer erkrankte. Nach einem Lazarettaufenthalt wurde er zu einer Ausbildung für Offiziersanwärter geschickt. Anfang April 1945 wurde er schwer verletzt.

Med-Pkt., 21.1.83
(nur noch 463 Tage!)

<u>Lieber Herr de Bruyn!</u>

Inzwischen sind hier 2 Briefe gelandet, für die ich herzlich (und gezwungenermaßen ausführlich!) danken möchte. Mir hier den Kästner zu schicken! Ich wußte nicht, ob ich lachen oder weinen sollte! Vielen Dank.

Erst einmal zu meinem LEIDEN.

Noch immer liege ich im Med-Punkt. Noch immer ist aber nicht ganz raus, was ich habe. Deshalb werde ich wahrscheinlich nach Stralsund zu einem Internisten geschickt. Der soll dann weiter sehen. Ab und zu habe ich Schmerzen, aber ich werde schon durchkommen. Inzwischen spekuliere ich auf Genesungsurlaub. Einige Patienten wollen mir einreden, daß ich vorzeitig entlassen werde. Eine Spekulation, die Spaß macht. Ich darf mir das bloß nicht einreden lassen, sonst bin ich, falls ich bleiben muß, umso saurer.

Nun zu wichtigen Dingen, die mich mit der Beantwortung Ihres 1. Briefes warten ließen. Da gab es eine Sache, die ich überschlafen mußte. Dazu muß ich etwas ausholen.

Ich hatte Ihnen bestimmt schon geschrieben, daß ich eine ganzen Schwung Eingaben losgelassen habe. Grund für 2 Eingaben (an ZK + polit. NVA-Chef Keßler) waren die Zelte, die bei dem Sturm vor kurzem zu »Luftkissenfahrzeugen« wurden. Bloß gut, daß die Buchen dort festen Grund haben! Wenn so ein Ding loshaut ... – unvorstellbar. 4 weitere Eingaben (ZK, Keßler, FDJ-Zentralrat, CDU) galten unserem »Sergeant Waurich«. Nun kam hier Besuch in den Med-Punkt, aus Berlin – natürlich nicht nur um mir gute Besserung zu wünschen, sondern um auf meine Schreiben zu antworten. Angeführt wurden die Jungs von einem FDJ-Menschen (den ich mit »Freundschaft« begrüßte) (ca. 45 Jahre alt).[16]

Das war aber ein nettes Gespräch, 10 Minuten unterhielten wir uns über verschiedenste Nierenleiden, übers Wetter ... bla ... bla ... bla ... Dann gings aber los: warum ich denn gleich an so hohe Organe schreibe, warum gleich an drei (von der CDU-Eingabe wußten die noch nichts), warum, warum, warum ...

Glücklicherweise konnte ich die Herren dazu bringen, noch einiges über den Inhalt meiner Eingabe zu sagen und nicht nur über deren Form. Ja, sagte man mir, der Genosse wird sich ändern, er ist ja noch jung, wenig Erfahrung – aber doch ein netter Kerl – er meint es doch gut mit uns. Was soll man dazu sagen?

Ganz nebenbei wurde ich dann von einem Major aus Berlin gefragt, ob ich Kontakt mit einem Schriftsteller namens de Bruyn habe. (Ganz nebenbei!) Dummer Frager – dumme Frage, die Wissen verrät. Tja, was sollte ich da sagen? »Ja«. Ob schriftlich oder persönlich. Auch da konnte ich wahrheitsgemäß antworten. Dann die beste Frage, ob wir »geistig Verwandte« (wörtlich!) wären. Nun, da konnte ich bescheiden antworten, daß vielleicht Marx + Engels geistige Verwandte waren, aber nicht de Berg und de Bruyn. »Und worüber schreibt man sich?« Da holte ich dann zu einem mehrstündigen Vortrag über Ihre »Preisverleihung« aus (hatte ich eine halbe Stunde vorher ausgelesen), der den Herren allerdings nach 5 Minuten zuviel war. Man wisse, daß es bei uns verschiedene Schriftsteller gebe – um es konkret zu sagen: Es gibt solche und solche! Na – da können Sie sicher sein, daß Sie zu den »Solchen« gehören. Damit war die Sache erledigt. Aufstehen – wieder Gesprä-

---

16 Stefan Berg war bis zum 17. Juni 1983 Mitglied der Freien Deutschen Jugend (FDJ).

56

che übers Wetter – »Auf Wiedersehen!« – »Auf Wiedersehen!«

Zuerst war ich reichlich erstaunt, daß man mich so plump wissen läßt, daß hier Strichlisten geführt werden. Aber im Grunde ist das ja zu erwarten gewesen. Wenn die Herren (und das haben die!) sich über mich informiert haben, werden sie sich ja denken können, daß ich mich mit Ihnen nicht nur übers Wetter austausche. (Und von Ihnen wird mans ja auch wissen!)

Ich hatte zu Schulzeiten einen riesen Ärger bekommen wegen einer Stefan-Heym-Lesung, bin also in der Hinsicht »vorbelastet«.

Die Frage ist nun, ob wir die ersten sind, die unsere Briefe zu lesen bekommen. Manchmal denke ich, daß dies gar nicht mal schlecht wäre – egal.

Ich habe alle möglichen Varianten durchdacht, ich glaube es kann nur gut sein, wenn die Herren vom Kontakt eines Bausoldaten zu einem Schriftsteller wissen. Vielleicht bringt das mehr als 100 Eingaben.

Das mit den Idioten haben sie herrlich geschrieben! Dies ist der einzige Nachteil im Med-Point. Hier sind einige 3-Jährige (die Tagesilos genannt werden). Zwar ganz lustig, aber die erzählen doch etwas oft von ihren Schiffen, vergessen über die Technik deren Zweck (»Sinn« habe ich bewußt vermieden).

Da gibts manchmal dicke Dispute.

Nun wird hier zur Nachtruhe geblasen.

Viele Grüße
Ihr Stefan

22. 1. 83

Guten Morgen!

Da der Brief sowieso erst am Montag in Richtung Heimat los
kommt, habe ich Ihn nochmal geöffnet, um da noch so einiges über die Maßnahmen zur Erziehung unter Genossen zu
schreiben. Unser Sergeant Waurich ist mit 30 Leuten (zu denen ich auch gehören müßte) in Dranske. Von da kommen
immer neue Schreckensmeldungen.

So kann man z. B. Genossen, die mal wieder so richtig böse
waren, von 22^{00}–24^{00} Groß-Rein-Schiff machen lassen (großes Saubermachen zu gut Deutsch). Wenn einige es immer
noch nicht gelernt haben, einen Maat vom Obermaat zu un-
terscheiden, so kann man sie getrost 100 mal »Genosse Obermaat« aufschreiben lassen. (Vergleich »Flüchtlingsgespräche«[17])

Ja, das sind die Waurichs von heute. Der gleiche hatte sich
hier einige nette Bemerkungen erlaubt, wie »Hacken zusammen oder haben Sie dicke Eier«, »Wo ich hingeschissen habe
müssen Sie erstmal gerochen haben«, »Ich mache Sie rund
wie einen Buslenker«, »Ich biege mir meine Soldaten hin, wie
ich sie haben will«, »Soldaten sollen sie werden, keine Waschweiber«, »Ich reiße Ihnen die Ohren vom Stamm«, »Beine zusammen – haben sie ein Weib im Bett – oder was??«

Ich glaube, solch eine komplette Auflistung Ihnen noch
nicht geschickt zu haben. Ach ja – man kann natürlich auch
bei Spintkontrolle darauf achten, daß zwischen den Borsten
einer Zahnbürste keine Zahncreme mehr ist, und darauf, daß
die Seife in der Seifendose trocken ist. Wissen Sie, manchmal
habe ich ein richtig schlechtes Gewissen. Ich liege hier im
Med-Punkt, keiner nervt mich, und dort oben spielt Waurich

---

17 Die »Flüchtlingsgespräche« von Bertolt Brecht (1898–1956).

wilde Sau – werde ich dort nicht gebraucht? Andererseits ist es natürlich mal ganz schön, in Ruhe gelassen zu werden.

In Ruhe gelassen zu werden – heißt auch Ruhe zum Lesen finden. Seit dem 2. November habe ich bloß kurze Sachen (wie z. B. Gedichte) gelesen. Hier kam mir Ihre »Preisverleihung« in die Finger.

Ihre Darstellung des Bildungssystems deckt sich im wesentlichen mit meinen Erfahrungen an der »Max-Planck-EOS«. Das Einzige, was ich dort gelernt habe, ist, wie man so wenig wie möglich lernt. Gefragt war das Speichern von Fakten – aber höchstens bis zur nächsten Kontrolle – dann raus damit.

Eigentlich hat mich am meisten an diesem Buch gefreut zu sehen, daß hier noch einiges möglich ist. Natürlich wird einem nichts geschenkt; Freiräume muß man sich selber schaffen. Ich hätte nie gedacht, daß es möglich ist, über die Selbstzensur (Paul/12. Kap.[18]) zu schreiben. »Später wurde das Sieb überflüssig, da er für bestimmte Seiten der Wirklichkeit erblindete.«

Nun schließe ich aber wirklich.
Grüße Sie nochmals
ganz herzlich
Ihr Stefan

---

18 Bezieht sich auf den Schriftsteller Paul Schuster, eine Figur aus Günter de Bruyns Roman »Preisverleihung«.

Lieber Herr de Bruyn!

Gestern kam Ihr Buch hier an. Recht herzlichen Dank. Heute habe ich Ihre »Forschungen«[19] zu Ende gelesen. Die Rotkäppchen-Interpretation habe ich gleich mehrmals gelesen! Köstlich! Unbeschreiblich!

Doch gerade bei den größten Freuden des Morgens (Lesen + Schach) wurde ich unterbrochen. Wieder Schreckensmeldungen aus Dranske. Herr de Bruyn, ich schreibe Ihnen jetzt da einige Sachen auf, die ich – wenn sie mir jemand vor der Fahne erzählt hatte – nicht geglaubt hätte. Sie stellt alles vorherige (mein letzter Brief) in den Schatten. (Beim Lesen immer daran denken, daß wir das Jahr 1983 haben und in Mitteleuropa leben!)

Ein Bausoldat mußte nach 36 Stunden Dienst, 3 Stunden frei, außer der Reihe Arbeitsvorrichtungen durchführen. Als Strafe (von 22^{00}–24^{00}). Als ihm dabei schlecht wurde und er sich setzte, wurde er mit den Worten »Ham Se sich mal nicht so!« zum weiteren Arbeiten angetrieben.

Dann folgte ein Kreislaufkollaps, der ihn in den Med-Pkt. brachte. Dort ergaben die Untersuchungen des Arztes die Bestätigung des Kollapses. Schon dieser Vorgang ist der Gipfel an Unmenschlichkeit. Fahrlässige Körperverletzung.

Es ist jedoch noch nicht der Zenit an Frechheit erreicht. Diesem Bausoldat wurde von unseren Vorgesetzten ein Schreiben zum Unterzeichnen vorgelegt, daß dieser Anfall bloß gespielt sei.

Er unterschrieb nicht.

---

19 Günter de Bruyn: »Märkische Forschungen. Erzählung für Freunde der Literaturgeschichte«.

Mir zittert die Hand vor Erregung. Es ist unbeschreiblich! Unsere Eingaben haben also nichts gebracht. Jetzt hilft nur noch eins: ANZEIGE. Dienstüberschreitung, Amtsanmaßung, fahrlässige Körperverletzung, Beleidigung.

Noch etwas: Unser Chef, ein Kapitänleutnant, hat uns, die wir in Saßnitz sind, vor der Truppe schlecht zu machen versucht. Wir machen hier Theater + werden dafür aber auch bestraft.

Das hat er sich aber fein ausgedacht. Hier sind nämlich die meisten »Randale-Typen«. Ist das nicht toll, wie man uns zu verschaukeln versucht.

Das Glück im Unglück ist: der betreffende Bausoldat hat etwas in der Hand. Das kann nun nicht überspielt werden.

Wenn ich nicht sofort schließe, fange ich noch an, wie wild zu fluchen. Das mache ich lieber am offenen Fenster.

Darum Schluß jetzt.

In Wut und Hoffnung
grüße ich Sie
ganz herzlich
Ihr Stefan

[ohne Datum]

Lieber Herr de Bruyn!

Soeben habe ich versucht Sie in der Auguststraße per Telefon zu erreichen, aber mir wurde gesagt, daß Sie in Ahrensdorf seien. Schade.

Ich bin etwas in Unruhe, besorgt.

Das letzte Mal erhielt ich von Ihnen am 21. 1. Post (Brief +

Buchpaket vom 17. 1.), wofür ich mich am 22. 1., die Med-
Punkt-Zeit nützend, bedankte.

Noch ein sehr wichtiger Brief folgte. Viel (Schlimmes) ist
passiert!

Seitdem kam bei mir nichts mehr an, und da vorher mit ca.
7 Tagen Abstand Post kam (über die ich mich immer sehr
freue), macht es mich etwas traurig + stutzig, nun nichts zu
erhalten.

Ich hoffe und wünsche, Sie hatten einen schönen Winter-
urlaub gemacht; aber eher neige ich dazu anzunehmen, daß
das Ausbleiben von Post mit Dingen in Zusammenhang
steht, die ich in den Briefen vom 22./23. 1. zu beschreiben
versuchte. Vielleicht haben Sie diese Briefe nicht erhalten,
vielleicht ich nicht von Ihnen geschriebene.

Auf Post hoffend
grüßt Ihr
Stefan

Saßnitz, 22. 2. 83

Lieber Herr de Bruyn!

Nach längerer Zeit Lässigkeit hat jetzt wiedermal eine Ausbildungswoche begonnen.

Alle Leute sind wieder in Zelten wohnhaft. Die »Dranskisten« finden es hier recht leger, wir, den Oberbrüller nicht gewöhnt, haben Gefühle zwischen Hohn und Haß. So recht
ernst ist's nicht zu nehmen, aber man muß es doch.

Eben war wieder so ein Höhepunkt. »Der Training«, wie
sich unser Brüller auszudrücken pflegt, des Kojenbaus wurde
durchgeführt. Alle raustreten, er geht durch und reißt alle
Betten, egal wie sie aussehen, ein. Das ganze mehrmals.

3 Leuten wird der Urlaub gestrichen, wegen angeblicher unerlaubter Entfernung.

Ein Glück, daß ich Freitag schon wieder in Urlaub darf. VKU – verlängerter Kurz Urlaub zu deutsch. Dienstag zum Dienst muß ich wieder drin sein. Am gleichen Tag läuft dann ein Rilke-Abend ab, den 3 Leute von uns (einer davon bin ich) gerade dabei sind einzustudieren. Der Rilke ist für mich etwas belastet gewesen. Ich empfand ihn immer als zu schön, zu glatt. Aber auch er hat Kanten, an denen man sich stoßen kann. Am Wochenende will ich auch einen 2. Versuch starten, Sie zu besuchen. Vielleicht klappt es diesmal.

In Vorfreude auf einen schönen vollen
Urlaub grüßt sie
Ihr Stefan

Saßnitz, 23. 2. 83

Lieber Herr de Bruyn!
So sieht eine sozialistische Persönlichkeit bei der Erfüllung ihrer Ehrenpflicht aus. Ein Kindergesicht und ein Schießeisen in der Hand, vor allem: die Augen geschlossen.
So stelle ich mir auch den Herren Klaus Bernsdorf[20] vor. Statt der Knarre bloß einen Pinsel.
Ganz herzlich grüße ich Sie + hoffe
daß es mit einem Treffen klappt. Ihr Stefan

---

20 Von Klaus Bernsdorf stammt die hier abgebildete Postkarte.

Meine jetzige Braut

25.2.83

Lieber Stefan,

zu dumm, daß Sie bei Ihrem 2. Besuchsversuch wieder kein Glück haben werden, da ich durch verschiedene Arbeiten hier draußen festgehalten werde. Aber irgendwann wird es mal klappen. Ich würde mich freuen, Sie endlich einmal persönlich kennenzulernen.

Für drei inhaltsreiche, interessante, wenn auch nicht gerade erfreuliche Briefe habe ich Ihnen zu danken. Ich freue mich immer sehr, wenn Post von Ihnen kommt, bin aber oft so überlastet, daß ich manchmal beim besten Willen keine Zeit zum Antworten finde. Entschuldigen Sie das bitte. Jetzt bin ich auch noch beim Renovieren und muß entweder Handwerker beaufsichtigen oder selbst handwerklich tätig sein. Zum Glück ist mein Roman inzwischen fertig, und ich warte darauf, was der Verlag dazu sagen wird. – Haben Sie eigentlich von den Ereignissen in Jena etwas mitbekommen?[21] Heute kam die Nachricht, daß die Verhafteten wieder (fast?) alle freigelassen wurden. Schade, daß wir uns nicht sehen, ich hätte Ihnen viel erzählen können. – Daß Sie sowas wie den erwähnten Rilke-Abend machen, finde ich gut. Man muß so gut es geht gegen die Verblödung angehen.

Hoffentlich hatte Sie einen wunderbaren Urlaub.

Bleiben Sie gesund und bewahren Sie sich Ihren Charakter!

Herzliche Grüße

Ihr

Günter de Bruyn

---

21 In Jena kam es zu einer Verhaftungswelle gegen Aktivisten der dortigen Friedensbewegung.

Lieber Herr de Bruyn! 7.3.83

Gestern kam hier Ihr Brief an, und meine
War riesengroß. Vor allem: Meine Bedenken,
Befürchtungen waren grundlos, ich habe falsch kombiniert und bin sehr froh darüber. Mein Brief aus Berlin
war also überflüssig, aber man weiß ja nie.

Ja, auch dieser Urlaub, mein dritter war wieder
voll schöner Stunden. Diesmal war etwas
ganz anderes dabei, was vor dem Jahre eine Alltäglichkeit
war: Theater, BE, Dario Fo „Zufälliger Tod eines Anarchisten".
Ganz toll. Ich habe schon lange nicht mehr so
hinreißende Schauspieler gesehen zB: Hellies, Ludwig, Baur,
Vörös. So richtig begeisternd war das Spektakel. Das ganze
müßte man nochmal in Italien sehen. Vom Autor
inszeniert auf Freilichtbühne während eines Volksfestes.
Glisame Wünsche.

Als 2. außerordentlichen Tagespunkt hatte ich ja einen
Besuch bei Ihnen vorgesehen, schade, daß es nicht klappen
konnte. aber es war ja nicht mein letzter Urlaub vor der
Entlassung. Hoffentlich.

Hier gibt es mal wieder schreibenswerte Dinge, sowohl
positive, als auch negative.
Am 1. März, dem 27. Jahrestag der NVA fand unser
Rilke-Abend statt. Er war wunderbar. Ich hatte so
richtig das Gefühl zu Hause zu sein, war ganz ruhig.
Für diesen Abend konnten wir direkt mal das Parteikabinett
umgestalten. Ein Honecker-Bild und eine Fahne mußten ab.
Tat uns ja echt leid. Dafür stellten wir dann Klavier,
Tisch und Scheinwerfer rein, glaub, daß diese Dinge
wesentlich praktischer + nützlicher sind.
Ich hoffe, diese Sache läßt sich nochmal in Dranske auf-

Die Unterstreichungen sind nach Öffnung des Briefes von MfS-Mitarbeitern
vorgenommen worden.

...lien, doch gibt es auch eine richtige Bühne, die auch
mal genützt werden will.

Soweit das Positive.

Heute wurden 6 Bausoldaten, zu denen auch ich gehörte
in Stedar eingesetzt. Wir mußten Gräben auf einen Schießplatz ziehen. Zwar haben wir nicht grade wie Wild gearbeitet - trotzdem: Irgendwo ist Schluß. Es ist Zeit eine
größere Eingabenaktion zu starten, sonst wird es noch
zur Regel, daß Bausoldaten Schießplätze bauen müssen.
Dann kann ich gleich mit Waffendienen. Eine kleine Entschädigung für diese Arbeit war ein einstündiger Spaziergang übers Eis in Richtung Lietzow.

Erschütternd zu sehen war, daß nicht einmal Hunde besser
als wir behandelt werden. Der Schießplatz wart hält
sich einen Schäferhund und einen Spaniel. So verschreckte Tiere habe ich noch nicht erlebt. Dieser Riese
von einem Schäferhund hatte größere Angst vor mir,
als ich vor ihm. Erst nach einer halben Stunde ließ
er mit sich spielen. Wahrscheinlich ist er bloß Schläge
gewöhnt. Milieu-geschädigt. Der Spaniel, eingesperrt
in einen Zwinger (der seit Tagen nicht mehr gereinigt wurde) war
etwas lebhafter. Doch hatte er einen deraten Hunger, daß
er sogar den Kuchenabfall zusammableckte, als wir ihm essen zu-
warfen. Es ist schon ein starkes Stück, was man sich mit armen
Hunden (ob Mensch oder Tier) erlaubt.

Ehe ich jetzt schließe
wünsche ich Ihnen noch viel Erfolg mit Ihrem neuen
Roman (sowohl bei der Zensur, als auch beim Leser)

Es grüßt Sie ganz herzlich

Ihr Stefan

2.3.83

Lieber Herr de Bruyn!

Gestern kam hier Ihr Brief an, und meine Freude war riesengroß. Vor allem: Meine Bedenken, Befürchtungen waren grundlos, ich habe falsch kombiniert und bin sehr froh darüber. Mein Brief aus Berlin war also überflüssig, aber man weiß ja nie.

Ja, auch dieser Urlaub, mein dritter, war wieder voll schöner Stunden. Diesmal war etwas ganz anderes dabei, was vor der Fahne eine Alltäglichkeit war: Theater, BE[22], Dario Fo »Zufälliger Tod eines Anarchisten«. Ganz toll. Ich habe schon lange nicht mehr so hervorragende Schauspieler gesehen z.B.: Mellies, Ludwig, Baur, Körner.[23] So richtig begeisternd war das Spektakel. Das ganze müßte man nun nochmal in Italien sehen. Vom Autor inszeniert, auf einer Freilichtbühne während eines Volksfestes.

Seltsame Wünsche, was?

Als 2. »außerordentlicher Tagespunkt« hatte ich ja einen Besuch bei Ihnen vorgesehen. Schade, daß es nicht klappen konnte, aber es war ja nicht mein letzter Urlaub vor der Entlassung. Hoffentlich.

Hier gibt es mal wieder schreibenswerte Dinge, sowohl positive, als auch negative.

Am 1. März, dem 27. Jahrestag der NVA fand unser Rilke-Abend statt. Es war wunderbar. Ich hatte so richtig das Gefühl zu Hause zu sein, war ganz ruhig. Für diesen Abend konnten wir direkt mal das Parteikabinett umgestalten. Ein Honecker-

---

22 BE: Berliner Ensemble.
23 Die Schauspieler Otto Mellies (* 1931), Rolf Ludwig (1925–1999), Reimar Johannes Baur (* 1928) und Dietrich Körner (1926–2001) gehörten viele Jahre lang zum Ensemble des Deutschen Theaters Berlin.

Bild und eine Fahne mußten ab, tat uns ja echt leid. Dafür stellten wir dann Klavier, Tisch und Scheinwerfer rein, glaub, daß diese Dinge wesentlich praktischer + nützlicher sind.

Ich hoffe, diese Sache läßt sich nochmal in Dranske aufführen, dort gibt es auch eine richtige Bühne, die auch mal genutzt werden will.

Soweit das Positive.

Heute wurden 6 Bausoldaten, zu denen auch ich gehörte in Stedar eingesetzt. Wir mußten Gräben auf einem Schießplatz ziehen. Zwar haben wir nicht gerade wie wild gearbeitet – trotzdem: Irgendwo ist Schluß. Es ist Zeit eine größere Eingabenaktion zu starten, sonst wird es noch zur Regel, daß Bausoldaten Schießplätze bauen müssen. Dann kann ich gleich mit Waffen dienen. Eine kleine Entschädigung für diese Arbeit war ein einstündiger Spaziergang übers Eis in Richtung Lietzow.

Erschreckend zu sehen war, daß nicht einmal Hunde besser als wir behandelt werden. Der Schießplatzwart hält sich einen Schäferhund und einen Spaniel. So verschreckte Tiere habe ich noch nicht erlebt. Dieser Riese von einem Schäferhund hatte mehr Angst vor mir, als ich vor ihm. Erst nach einer halben Stunde ließ er mit sich spielen. Wahrscheinlich ist er bloß Schläge gewöhnt. Milieu-geschädigt. Der Spaniel, eingesperrt in einen Zwinger (der seit Tagen nicht mehr gereinigt wurde) war noch etwas lebhafter. Doch hatte er einen derartigen Hunger, daß er sogar den Maschendrahtzaun ableckte, als wir ihm Essen reinwarfen. Es ist schon ein starkes Stück, was man sich mit armen Hunden (ob Mensch oder Tier) erlaubt.

Ehe ich jetzt schließe
wünsche ich Ihnen noch viel Erfolg mit Ihrem neuen Roman (sowohl bei der Zensur, als auch beim Leser)

Es grüßt Sie ganz herzlich
Ihr Stefan

6. 3. 83

Bausoldat
Stefan Berg
2355 Saßnitz
PF 46126/C,
IBB-18

Generaloberst
Keßler
Strausberg
PF 63 6 11

Stellv. d. Ministers
und Chef der Pol. Hauptverwaltung
– Sekretariat –
E-Datum: 10. 03. 83
E-Nr.: B / 114/83

Eingabe

Betrifft: 1. Einsatz von Bausoldaten auf dem Schießplatz
Stedar
2. Belobigung Obermaat Ackermann

1. Seit dem 2. 11. 82 bin ich Bausoldat im Objekt Saßnitz.
Vom 2. 3. 83 an werden 6 Bausoldaten, zu denen auch ich
gehöre, auf dem Schießplatz Stedar eingesetzt.
Dagegen protestiere ich entschieden. Ich lehne das Erlernen des Bedienens einer Waffe ab und will nicht Grundlagen dafür schaffen, daß andere junge Menschen dies tun
können. Dies kann ich nicht mit meinem Gewissen vereinbaren.
Ich ersuche Sie gesetzliche Grundlagen zu schaffen, die

ausschließen, daß Bausoldaten zum Bau von militärischen Anlagen herangezogen werden können.

2. Am 1. März wurde Obermaat Ackermann für vorbildliche Dienstdurchführung belobigt.

Mehrmals wurden Sie davon informiert mit welchen Verstößen gegen die Menschenwürde, gegen Vorschriften der NVA Oberm. Ackermann seinen Dienst versah. Die Belobigung wird Oberm. Ackermann in seinem fehlerhaften Kurs bestätigen. Dies kann jedoch nicht im Interesse der Einsatzbereitschaft des Bausoldatenzuges sein. Ich ersuche Sie, Schritte einzuleiten, die zum Widerruf der Belobigung führen.

Höflichst!
Bausoldat
Stefan Berg

10. 3. 83

Lieber Stefan,

Ihre Briefe habe ich alle (auch die wichtigen) richtig erhalten, mich gefreut, mich aufgeregt. Nun fand ich Ihre »schöne« Karte mit den Schmierereien von diesem Herrn Bernstorff [!]. Ich finde gar keine Worte dafür vor Wut. Eine Bitte: Falls Sie noch mehr davon bei der »Militärhandelsorganisation« finden sollten, daran bin ich interessiert. Ich sammle sowas. Die schrecken auch vor keiner Blödheit zurück. Aus meinen Jugendjahren kenne ich ähnliches. – Wenn ich nicht gleich antworten kann auf ihre Post, erschrecken Sie nicht. Ich bin in einer hektischen Arbeitsphase, mit viel Aufregung dazu. Da muß Post oft liegenbleiben. Herzlichst

Ihr Günter de Bruyn

15. 3. 83

<u>Lieber Herr de Bruyn!</u>

Heute, einen Tag vor meinem 19. Geburtstag möchte ich mich bei Ihnen für Ihr unbewußt gemachtes Geburtstagsgeschenk bedanken. Ihr Buch kam an, ein paar Tage vorher Brief und Karte. Der Vergleich zwischen Staecks[24] Karte und der aus der MHO[25] ist erschreckend und vielsagend. Es ist wirklich erstaunlich, wie plump die Herren ihre Propaganda betreiben.

Inzwischen ist hier alles wie gelähmt. Nichts tut sich. Das, was man »Tagedrücken« nennt hat begonnen. Gerüchte gehen um. Von der Versetzung unseres Waurichs, von totaler Neuverteilung der Bausoldaten nach dem 1. halben Jahr. Große Ungewißheit.

Gott sei Dank, es wird Frühling. Heute weckte mich Vogelgezwitscher. Die Sonne schien, und der Frühsport war ein halber Osterspaziergang. Das erste halbe Jahr geht zu Ende.

Erschreckend ist der Blick in den Kalender. Was soll ich von meinem 20. Lebensjahr erwarten. Noch sehr genau kann ich mich an den letzten Geburtstag erinnern. Wir waren 30 Leute bei mir, wir haben gefeiert, wir freuten uns über unser Leben, wir lebten. Und morgen? Ich werde ins Rügenhotel gehen – 30 Leute? Ach, 5, 6 werden wir sein, viele Freunde fehlen mir, als Ersatz: Post, ein riesen Stapel lag auf dem Tisch.

Da ich hier nicht viel Schlaf brauche, sitze ich bis in die Nacht mit ein paar Freunden bei Kerzenschein. Es gibt wenig zu erzählen, aber viel zum drüber nachdenken. Der Tod ist

---

24 Der Graphiker und Karikaturist Klaus Staeck (* 1938).
25 MHO: Militärhandelsorganisation.

immer öfter Gegenstand unserer Gespräche. Die Fragen, was die Nachtodzeit betrifft, werden wieder und wieder gestellt, vielleicht um nie beantwortet zu werden. Sinn des Lebens, Sinn des Sterbens, grad hier wo vieles stirbt in einem. Und immer wieder Zweifel. Große Leute, Schriftsteller müssen herhalten, helfen. Sartres »Geschlossene Gesellschaft« oder »Der Ackermann und der Tod« von Jan von Tepl nur als Beispiele hier genannt.

Immer öfter schiebe ich Dinge auf (Tagebuch ist verboten), kurze Verblödung zeigende Dialoge, Sprachmüll, wie der Satz »Sie werden hier als Bausoldat durchgeführt.« So unser Chef. Erschreckend, erschreckend.

Was hilft dagegen? Was schützt?

»Gott« sagen viele, drücken mir die Bibel in die Hand, doch auch da Zweifel. Zuviel Selbstbetrug, zu schön, zu glatt.

Nein, das alles will ich nicht. Und so bleiben Fragen, ich nehme sie mit, wenn ich schlafen gehe, in die Nacht.

Lieber Herr de Bruyn! Jetzt habe ich mal wieder leer geschrieben, meine Sorgen, Fragen ausgebreitet. Manchmal frage ich mich, warum ich dies tu, aber es muß wohl sein ...

Es grüßt Sie
ganz herzlich und
dankbar
Ihr Stefan

Berlin, 16.3.1983

MINISTERRAT
DER DEUTSCHEN DEMOKRATISCHEN REPUBLIK
MINISTERIUM FÜR NATIONALE VERTEIDIGUNG
Stellvertreter des Ministers
und Chef der Politischen Hauptverwaltung
der Nationalen Volksarmee

Tgb.Nr.: B/114–117/83
B/123–124/83
Az. 01 01 59

Stellvertreter des Chefs
der Volksmarine und
Chef der Politischen Verwaltung   – persönlich –

Aus dem Ingenieur-Baubataillon 18 gingen mir von den Bausoldaten

Stefan Berg

Eingaben zu, in denen zum wiederholten Mal Fragen aufgeworfen werden, die offenbar in erster Linie darauf abgelegt sind, den Unwillen einer Reihe von Bausoldaten gegenüber bestehenden Festlegungen zum Ausdruck zu bringen und ihre Ideologie, die teilweise bis zur Ablehnung der sozialistischen Ordnung in der DDR geht, unter Ausnutzung des Eingabeweges kundzutun.

In besonderer Weise stellt das der Bausoldat ▬▬ ▬▬ in seiner Zuschrift dar, der bereits in vorangegangenen Eingaben seine oppositionelle Haltung gegen die DDR und ihre Nationale Volksarmee hervorhob und einer derjenigen Bausoldaten sein dürfte, die auf die übrigen Bausoldaten der Einheit einen besonders negativen Einfluß ausüben.

Ich bitte Sie, diesen Erscheinungen erhöhte Aufmerksamkeit zu widmen und dafür Sorge zu tragen, daß jederzeit eine straffe politische und militärische Führung gewährleistet wird.

Für die Beantwortung der vorliegenden Eingaben kann nur die mündliche Form in Frage kommen. Deshalb bitte ich Sie, den Einsendern den Eingang der Eingaben bestätigen zu lassen und in der mündlichen Beantwortung der Zuschriften erforderlichenfalls auch darauf hinzuweisen, daß Befehle über den Einsatz der Bausoldaten, die auf den geltenden gesetzlichen und militärischen Bestimmungen basieren, nicht als Gegenstand von Beschwerden und Protesten angesehen werden können.

In mehreren Eingaben wird erneut zur Führungstätigkeit des ▬▬ ▬▬▬▬ Stellung genommen. Ich bitte Sie, diese Hinweise sachlich zu prüfen und erforderlichenfalls entsprechend auszuwerten.

H. Keßler
Generaloberst

18.3.83

Aktenvermerk

In einem Gespräch mit dem Stellv. f. PA des IBB-18, KL MARG zum Problem der Bausoldaten teilte er zu dem BS BERG folgendes mit:[26]

BERG macht einen sehr intelligenten Eindruck. Er gehört zum engen Umgangskreis des BS LESNIAK u. hat bei seinem Auftreten eine ähnliche Art wie dieser. Wobei er aber nicht so provokatorisch auftritt.

B. ist ständiger Eingabenschreiber. Die Eingaben beziehen sich meistens auf die Durchführung von DV's[27], Auftreten von Vorgesetzten, Nichteinhaltung der Anordnung über den BS-Dienst.

Am 1.3.83 hat er einen RILKE-Abend für die BS organisiert u. durchgeführt.

Diese Maßnahme wurde durch den PV in Absprache mit der Politabt. genehmigt. Die verwendete Literatur wurde in der DDR verlegt.

Heßmann
Hptm

---

26 PA: Politische Ausbildung; IBB: Ingenieurbaubataillon; KL: Kapitänleutnant; BS: Bausoldat.
27 DV: Dienstvorschrift.

20. 3. 83

Lieber Herr de Bruyn!

Gestern Abend aus Stralsund kommend fand ich meinen Brief an Sie vom 2. 3. vor. Statt Ahrensdorf hatte ich Ahrensfelde als Anschrift angegeben. Trotz richtiger Postleitzahl haben es die Postleute nicht fertiggebracht den Brief an den Mann zu bringen. Nun schicke ich ihn nochmal los. Der Briefumschlag ist schon geschrieben. Jetzt müßte es klappen.

Gestern waren wir, die in Saßnitz verbliebenen Spatensoldaten, in Stralsund. Ein herrlicher Frühlingstag. Ich habe tolle Erinnerungen an Stralsund, dort war ich zur Schulzeit mehrmals, war dort stets glücklich. Und nun in Uniform. Ich war wieder in der herrlichen Marienkirche, bin durch alte Straßen gelaufen, habe im Torschließerhaus gesessen, bei Weinbrand + Kaffee ein wenig von dem aufgeschrieben, was mich bewegt, wenn ich in Stralsund bin.

Am Nachmittag ging ich etwas skeptisch in die Messe, von Kardinal Meisner[28] gehalten und war doch freudig überrascht. Dort traf ich Freunde, die zur Zeit wieder in Dranske sind. Furchtbare Geschichten gab es von dort zu hören. Nach der Messe gab sich der Kardinal volkstümlich, kam zu uns ran, fragte uns nach Heimatort und Glauben. Als ich »Nichtchrist« sagte, war er ganz begeistert, daß ich mich trotzdem dort sehen ließe. Gegen 20^{00} waren wir wieder am Bahnhof, aber ein Tag in Uniform darf scheinbar nicht gut zu Ende gehen. Streife griff uns auf, ließ uns in einen Barkas einrücken, Personalien; Frechheiten, Ärger, der Tag hatte ein schlechtes Ende.

---

28 Joachim Kardinal Meisner (* 1933), zuletzt Erzbischof von Köln, war von 1980 bis 1989 Bischof von Berlin.

Heut ist Sonntag. Auf dem Zeltplatz ist es ruhig geworden und ich hoffe, daß auch Sie das Wochenende etwas genießen können.

Es grüßt Sie ganz herzlich
Ihr Stefan

20.3. 83

Lieber Stefan,

nachträgliche, aber sehr herzliche Glückwünsche zum Geburtstag!

Die Gespräche, die Sie abends führen, kann ich mir vorstellen. Man sollte alle Antwortversuche respektieren, denn die Antwort weiß keiner. – Ja, an der Sprache merkt man oft, fast immer, welch Geistes Kind jemand ist. Kennen Sie das Buch »LTI« von Victor Klemperer?[29] Der hat während der 12 Nazi-Jahre die Sprache analysiert. Ein aktuelles Buch, kurz nach 1945 erschienen – und erschreckend aktuell.

Am 22./23. April ist die 2. Berliner Begegnung der Schriftsteller für den Frieden, diesmal in West-Berlin. Ich grüble dauernd darüber nach, was ich da sagen kann, darf, muß.

Ein Jahr noch! Das ist lang – aber so langsam wie die ersten Monate vergeht es nicht.

---

29 »LTI. Notizbuch eines Philologen« (1947) von Victor Klemperer (1881–1960).

Genießen Sie, so gut es geht, ein bißchen den Frühling.

Herzlichst Ihr Günter de Bruyn

Saßnitz, 30. 3. 83

Lieber Herr de Bruyn!

Noch Saßnitz, das heißt bald Dranske, also doch.

Heute wurde die Liste der Namen vorgelesen, und meiner war auch dabei. Die Gründe dafür liegen auf der Hand: In der Ausbildungswoche, die zur Zeit läuft, gab es Krach. An den Haarschnitten, die sich ein Freund und ich zugelegt hatten, entlud sich sowohl die Wut der Vorgesetzten, als auch unsere. Wir hatten uns einen Irokesenschnitt (kurz: Iro genannt) zugelegt. Unser Regimentschef sagte nichts, dafür gab es aber von unserem Waurich und dessen Boss Schläge. Was das soll, wen ich damit ärgern will, wir machen uns ja lächerlich … Daraufhin gab es viel Gebrülle, ich sage, daß mir die Uniform auch nicht gefällt, daß man sich den ganzen Krach hätte sparen können – wie? Durch Nichteinziehen.

Heute also die Quittung: Dranske-Stammheim, so von den Dranskisten genannt. 3 × 12-Mannzimmer, gleich ein Zaun + alles sehr, sehr laut.

Jetzt möchte ich aber erstmal für die letzte Post danken. Der Staeck ist wirklich Klasse! LTI kenne ich, las es als Schüler, fand es damals schon gut, merke aber hier in der Verbannung erst richtig, wie gut es ist. Gut ist es – leider kann man sagen, leider so aktuell.

Schade, daß ich die 2. Berliner Begegnung nicht so verfolgen kann, wie die erste, doch ganz bedeutsame. Schriftsteller für den Frieden. Ich bin froh, daß es Menschen gibt, die ihre

Stimme erheben – nicht nur für sich. Ich bin glücklich und kann hier alles leichter ertragen, kraftvoller kämpfen, wenn ich weiß: da draußen gibt es viele, die denken und reden ähnlich, wie ich, haben Öffentlichkeit und wissen um ihre Privilegien. Ich hoffe, von Ihnen einiges zu hören, auch über die 2. Begegnung.

In der Ausbildungswoche hat man es uns mal wieder gegeben: Schutzausbildung – wieder, Gasmaske, Schutzanzug.

Und laufen, laufen viele Kilometer. Viele? Zuviel auf jeden Fall. Unter so einem Gummiding ist man ganz allein. Totale Uniform, nicht mehr vom Gesicht was zu sehen. Und dann: plötzlich Kinder, bunt laut-lachend. Ein Kindergarten geht spazieren, am weiten Meer, an dem wir rumlaufen müssen, Wahnsinn.

Draußen: Regen. Das kann kein Zufall [sein]. Die Wolken weinen, wissen von meiner Stimmung, doch ewig kanns nicht Winter sein, einmal werden froh wir sagen: Heimat du bist wieder mein!

Wir werdens schon überleben!

Es grüßt Sie ganz fest + wünscht frohe
Ostern!
Ihr Stefan

Ostern 83

Lieber Stefan,

Ihre Ostergrüße haben mich rechtzeitig erreicht. Drei Briefe auf einmal! Dank, Dank, Danke!

Leider habe ich nicht die richtige Ruhe zum Briefeschreiben, weil dauernd Besuch da ist. Trotz schlechten Wetters kommt zu Ostern jeder auf die Idee rauszufahren ins Grüne (das noch kaum da ist). Und ich habe keine rechte Ruhe zum Rumsitzen und Kaffeetrinken, weil die Arbeit so drängt. Außerdem bin ich im Kopf dauernd mit ein paar Sätzen beschäftigt, die ich auf der 2. Berliner Begegnung sagen könnte, sollte, müßte. Ich bin ein sehr schwerfälliger Redner und Denker und muß mir alles sehr genau überlegen.

Mit Ihrem Brief zusammen bekam ich einen von einer jungen Pastorin aus Pankow, die ich durch die Friedensarbeit kenne. Vor einem Jahr etwa war ich ganz begeistert von einem Anti-Kriegs-Programm, das sie mit anderen gemacht hat: Lieder, Gedichte, Szenen. Ganz hervorragend. Ihr Brief war eine Einladung zu Lesung und Gespräch, aber sie schrieb viel über sich. Wie die Arbeit im Friedenskreis sie aufreibt (sie hat 2 Kinder), dann die Zweifel, ob es was nützt, die Verzweiflung über das Konsum-Denken ringsum, Depression über die Wahlergebnisse in der Bundesrepublik usw. Das ist wirklich eine ganz tolle Frau (die übrigens eine wunderbare Singstimme hat).

Wenn Sie die Uniform wieder los sind, müßten Sie sich den Pankower Friedenskreis mal ansehen. Nach Taufe oder Glaube wird da nicht gefragt. Ich kenne noch einen Graphiker, der dort mitmacht, auch eine Lehrerin, die keine mehr ist, weil sie gegen den Wehrkundeunterricht protestierte.[30]

---

30 1978 wurde in der DDR ein entsprechendes, obligatorisches Fach für die neunten und zehnten Klassen eingeführt.

Wie, Stefan, frage ich mich oft, sind Sie eigentlich geworden, wie Sie sind?

Ihren Tag in Stralsund kann ich mir ganz genau vorstellen, und daß sie sich ein bißchen was von Ihren Gedanken und Gefühlen aufschreiben, finde ich gut. Ist das Führen von Tagebüchern tatsächlich offiziell verboten?

Hoffentlich fällt Ihr Osterfest nicht gar zu trübe aus!

Bleiben Sie gesund und so vergnügt wie es geht. Trotz alledem.

Ihr Günter de Bruyn

Dranske, 10.4.83

<u>Lieber Herr de Bruyn!</u>

Die erste Woche Dranske wäre also geschafft. Und es ist Zeit, die ersten Eindrücke und Erfahrungen – so unbeschreiblich wie sie auch sind – festzuhalten, zusammenzufassen.

Doch zuerst möchte ich für Ihren Brief danken, der mich hier am 7. erreichte. Wenn ich jetzt zu einem neuen Brief aushole, bekomme ich ein wenig Gewissensbisse, da ich an Ihre allzu knappe »maßnahmenfreie« Zeit denken muß. Eben erzählte mir jemand, daß der Schriftstellerverband mal wieder tagen würde (Fehlinformation??), und da haben Sie ja dann noch weniger freie Zeit.

Nun aber zur neuen Lage:

Nachdem ich fast ein halbes Jahr im »Zelt« wohnte, bin ich nun mit knapp 40 anderen Bausoldaten in einen Pappbecher (genannt: Raumzelle) eingestapelt worden. Darin befinden sich ein 12-Mannzimmer und ein 24 Mann-Raum (!!!). Nicht mal 6 m³ Luft pro Mann. Enge, Unruhe, fast Platzangst sind die Folge. Rund um diese Slumhütte ein Zaun – der Gipfel: Stacheldraht!! Platz zwischen Zelle und Zaun: stellenweise 1 Meter! Zu einer Seite, zur anderen Moor, Sumpf, später, etwas weiter: der Bodden. Sich mit so einer Situation abfinden zu müssen ist schon unverschämt zu verlangen.

Dazu: Sergeant Waurich mit einem großen Maßnahmenpaket unterm Arm: für offene Knöpfe, unmilitärisches Verhalten. Doch er tritt relativ kurz, keiner weiß warum.

Die Ruhe, die in der Zelle zu finden unmöglich ist, findet man jedoch während der Arbeitszeit. Wir buddeln Löcher für eine Heizleitung zwischen Bug und Dranske. Mehrere Kilometer, kaum überschaubar, d.h.: Ruhe zum Lesen, Schlafen, Nachdenken. Bei gutem Wetter sieht man Hiddensee, links Bodden, rechts offenes Meer, Platz für Träume, Erinnerungen, kaum zu glauben, daß im Sommer 10 Meter von uns nackte Damen und Herren herumspringen werden. Der Gedanke dann in Schwarzkombi laufen zu müssen, macht mich ganz verrückt!

Der Ort Dranske ist ein reines Armeenest. Man merkt dies, wenn man all die kurzgeschorenen Herren in die Häuser gehen sieht. Um uns hohe Militärs, unsere kleineren Tiere haben Schiß, großen Schiß, daß hier was passiert. Ich habe schon oft daran gedacht ein Schild an dem Zaun zu befestigen:

Vorsicht BAUSOLDATEN!

»BITTE NICHT FÜTTERN«

Würden die hohen Herren nicht um uns wohnen, wären die Aussichten auf Lässigkeit besser. So werden wir wahrscheinlich bis zum letzten Tag wie Idioten behandelt.

Trotz alledem fühle ich mich gar nicht mal schlecht, ganz im Gegenteil. Ich bin recht ausgeglichen, finde innere Ruhe, die Gelassenheit bewirkt.

Was ist hier wohl nötiger??

Zu Ihrer Frage nach den Tagebüchern: Ist echt verboten. Grund: Militärische Sicherheit, Geheimnisse!!

Nicht daß die drüben erfahren, wie in der NVA der Bettenbau aussieht, ist doch einzusehen.

Die Frage nach den Gründen für mein »So sein, wie ich jetzt bin« zu beantworten ist so eine Sache: Seit langer Zeit bin ich auf den Gedanken gekommen einen Lebenslauf zu schreiben. Werde ich wahrscheinlich nicht tun. Es bleibt aber die Anregung mal Rückschau zu halten. In 19 Jahren sammelt sich so einiges an.

Für heute will ich schließen
und ganz herzlich grüßen.
In guter Stimmung
Ihr Stefan

Saßnitz, 11. 4. 83

HA I/VM
UA Stab

Aktenvermerk

Über eine Rücksprache mit dem Stellv. f. PA, KL MARG zu dem M-Hinweis[31] auf die Losung im Parteikabinett im Zusammenhang mit dem RILKE-Abend der Bausoldaten.

An der Stirnwand waren angebracht
– die Wettbewerbslosung
– das Bildnis Gen. Honeckers

---

31 M-Hinweis: MfS-Kürzel für Postkontrolle, siehe Vorwort.

Der Raum wurde durch die BS BERG u. SCHUHMANN vorbereitet u. durch diese vermutlich beides abgenommen.

Durch Ob. Maat Ackermann wurde dann am 2.3.83 veranlaßt, daß der alte Zustand wieder hergestellt wurde.

Heßmann
Hptm.

Am 01.03.83 hatte ich Dienst und kontrollierte unter anderem das Lager der Bausoldaten. Dort fragte ich ungezwungen, ob noch organisierte Maßnahmen durchgeführt werden. Der Bausoldat Berg erzählte mir, daß sie im Rahmen des Zuges einen Rilke-Abend veranstalten werden. Er lud mich zu dieser Veranstaltung ein.

Die Veranstaltung wurde im Parteikabinett durchgeführt, es waren fast alle Bausoldaten anwesend. Der Rilke-Abend hatte bereits begonnen, als ich eintraf. Er wurde von zwei Bausoldaten gestaltet; Bausoldat Berg als Rezitator und einem Bausoldaten am Klavier (Organist), der zwischen den Rezitationen Klaviermusik einspielte. Die Ausdrucksweisen des Rezitators und des Klavierspielers waren sehr eindrucksvoll. Bausoldat Berg rezitierte fehlerfrei und emotional, teilweise aus dem Gedächtnis. Das Klavierspiel war ebenfalls sehr sauber und differenziert im Tonumfang (wahrscheinlich Kirchenmusik). Die rezitierte Lyrik von Rilke war mir unbekannt. Insgesamt wirkte sie auf mich ungewohnt (Begriffe aus der Bibel, kirchliche Thematiken verbunden mit Liebesgedanken, Worte wie Krieg und Tod wurden ebenfalls verwendet) und teilweise pazifistisch. Ich schätze den Bausoldat Berg als sehr intelligent ein, der dazu in der Lage ist innerhalb der Bausoldaten eine Führungsfunktion einzunehmen.

Der Bausoldat Berg benutzte zu seinem Vortrag mehrere Bücher, wahrscheinlich vom gleichen Schriftsteller (Rilke). Die Veranstaltung dauerte ca. 1 Stunde.

Am 02.03.83 sprach ich mit dem Politstellvertreter. Dieser sagte, daß eine Losung (zum 1. März wahrscheinlich) im Parteikabinett gehangen hätte. Als ich den Raum zur Veranstaltung betrat, war jedoch keine Losung vorhanden.

Zugegen beim »Rilke-Abend« war der diensthabende Gruppenführer ▆▆▆ ▆▆▆▆▆▆ Dieser erzählte mir im Anschluß, daß der Bausoldat Berg sich nach dem Abitur bereits an der Schauspielschule beworben hätte, aber auf Grund seiner politischen Haltung nicht angenommen wurde. Desweiteren habe Bausoldat Berg bereits in Veranstaltungen des Fernsehens mitgewirkt.

Ich habe den Eindruck, daß Bausoldat Berg nicht aus Glaubensgründen sondern aus politischen Gründen den Waffendienst verweigert.

Paul Mueller[32]

11.04.83

op. Wertung

Der M[33] berichtet über eine kollektive Maßnahme der BS, an der er auf Einladung teilgenommen hat. Sie veranstalteten einen Rilke-Abend.

Organisator war der BS BERG. Die Genehmigung haben sie von Stellv. f. PA, KL Marg, der diesbezüglich um Rücksprache mit der Politabt. folgte, erhalten.

Der BERG ist ein BS, der meistens durch mehrere Eingaben op. in Erscheinung trat. Er hat u. a. Verbindung zu dem Schriftsteller Günter de Bruyn.

---

32 Deckname eines MfS-Informanten.
33 Der Informant »Paul Mueller«.

B. gilt als sehr intelligent.

Der Schriftsteller, RILKE, Rainer Maria, lebte von 1875 bis 1926. Es ist ein österr. spätbürgerl. Dichter.

Dessen Lyrik u. Epik ist von Weltflucht, Vereinsamung und Tod gekennzeichnet.

Die Bücher aus denen BERG rezitierte sollen in DDR-Verlagen (lt. Angaben des Stellv. f. PA) erschienen sein.

Zu beachten ist der Hinweis des M, daß BERG aufgrund der Intelligenz eine Führungsrolle innerh der BS einnehmen kann. Er steht in Verbindung mit dem BS ▮▮▮▮▮▮▮▮▮▮ ▮▮▮▮▮▮▮▮▮▮▮

Maßnahmen: 1. Information an Akte zu BS BERG, seine Aktivitäten, Umgangskreis usw. zwecks Prüfung, ob er in der V/H der Abt. xx der BV Berlin bzw KD erfaßt.[34]

2. Vorlage des Materials BERG [...]

3. Prüfung auf Einleitung einer OPK[35]

4. Rücksprache mit dem PV betreffs der Losung

Heßmann
Hptm.

Bemerkungen   30.05.83

Diese einleitende IM-Information allein kann noch keine Grundlage für die Einleitung einer OPK sein.

Wenn die Einleitung einer OPK geprüft werden soll, dann ist es erforderlich das gesamte bisherige Material zur B. mit vorzulegen! Warum erfolgt die Vorlage dieser Information mit Auswertung erst jetzt?

Das gesamte Material zu Berg ist mir zur pol.-op. Fachschulung am 27.06.83 vorzulegen.

Becker (Major)

---

34 BV: Bezirksverwaltung; KD: Kreisdienststelle.
35 OPK: Operative Personenkontrolle.

NATIONALE VOLKSARMEE
VOLKSMARINE
Politabteilung des Kommandos

Aktennotiz

für den Stellvertreter des Chefs der Volksmarine und
Chef der Politischen Verwaltung

über die Bearbeitung der Eingabe des Bausoldaten Stefan
Berg vom 06.03.1983 an das Zentralkomitee der SED.

Am 11.04.1983 wurde durch meinen Stellvertreter Propa-
ganda/Agitation, Freg.Kpt. Manteuffel, eine Aussprache zur
Eingabe des Bausoldaten Berg durchgeführt.

Ergebnis

1. Bausoldat Berg äußerte bei dieser Aussprache, er hätte mit
dieser Eingabe nur seinen Protest zum Ausdruck bringen
wollen. Er hat mit dieser Eingabe die Absicht verfolgt, daß
»höhere Vorgesetzte« darauf aufmerksam gemacht werden,
daß in den Bestimmungen zur Arbeit mit Bausoldaten es Tä-
tigkeiten gibt, die mit seinem Gewissen nicht zu vereinbaren
sind. Er wollte die Genossen im ZK aufmerksam machen,
daß hier eine Gesetzänderung notwendig wäre.
   Bausoldat erklärte, er werde alle Aufgaben seiner unmit-
telbaren Vorgesetzten erfüllen, aber man muß zur Kenntnis
nehmen, daß er bei Arbeiten an militärischen Objekten sich
ständig in Gewissenszwang befände. Zu all diesen Fragen
wurde eine sehr sachliche Aussprache geführt, über die sich
Bausoldat Berg sehr befriedigt äußerte. Er hat jedoch den

Wunsch, sich an den Rechtsausschuß der Volkskammer zu wenden mit der Bitte, hier eine Änderung des Gesetzes herbeizuführen.

2. Bausoldat Berg wurde erklärt, daß für die Belobigung des ▆▆▆▆ ▆▆▆▆ einzig und allein der Vorgesetzte Verantwortung trägt. Der die vierjährige Arbeit des ▆▆▆▆ ▆▆▆▆ als Vorgesetzter mit der Auszeichnung des Leistungsabzeichens würdigte. Unregelmäßigkeiten, die es beim ▆▆▆▆ ▆▆▆▆ im Umgang mit Bausoldaten gab, wurden mit diesem ausgewertet und ▆▆▆▆ ▆▆▆▆ zog die entsprechenden Schlußfolgerungen. Das wurde vom Bausoldaten Berg anerkannt.

Bausoldat Berg äußerte sich über die Art und Weise der Bearbeitung seiner Beschwerde befriedigend.

Manschus
Kapitän zu See

Saßnitz, 20. 4. 83

HA I/VM
UA Stab

op. Wertung

Zu den »M«-Hinweisen vom 2. 3. u. 20. 3. 83
Abs.: BS BERG, Stefan   Adresse: de Bruyn, G.

Der Adressat G. de Bruyn ist Schriftsteller. Er wurde durch B. bereits mehrfach angeschrieben u. war vermutlich beim Verfassen einer Eingabe behilflich. Aus den »M«-Hinweisen ist ersichtlich, daß B. eine feindlich, negative Grundhaltung zum Staat u. zur Partei hat. Er leistet seinen Dienst aus pazifistischen Gründen, da er sich selbst als »Antichrist« bezeichnet. Für seine feindlich negative Grundhaltung spricht folgender Auszug aus dem »M«-Hinweis:

»Am 1. März ... fand unser Rilke-Abend statt. ... Für diesen Abend konnten wir direkt mal das Parteikabinett umgestalten. Ein Honecker-Bild und eine Fahne mußten ab, tat uns ja echt leid. Dafür stellten wir dann Klavier, Tisch und Scheinwerfer rein, glaub, daß diese Dinge wesentlich praktischer + nützlicher sind.«

Im weiteren äußert er den Gedanken, »Es ist Zeit eine größere Eingabenaktion zu starten ...«

B. trat bereits mehrfach mit Eingaben op. in Erscheinung. Er scheint unter den BS mit einer pazifistischen Grundhaltung, eine Führungsrolle einzunehmen.

Diese Hinweise sind op. bedeutsam u. beinhalten weiter op. bed. Anhaltspunkte zu BERG, die die Einleitung einer OPK begründen.

Maßnahmen:
1. Überprüfung des Schriftstellers G. de BRUYN bei der HA XX
2. Vorlage der »M«-Hinweise u. op. Material beim Ltr. der UA mit dem Vorschlag eine OPK zu BERG einzuleiten mit dem Ziel, dessen polit. ideol. Grundhaltung, Ziele u. Absichten sowie Umgangs- u. Verbindungskreis aufzuklären.

Heßmann
Hptm.

3. 5. 83

<u>Gn. Hptm. Heßmann!</u>
BS Berg ist im Rahmen einer OPA aktiv aufzuklären und die entspr. polit.-op. Maßnahmen zu B. sind einzuleiten.

Bei einer Verdichtung der erhaltenen Informationen erfolgt weitere Bearbeitung im Rahmen einer OPK.

Zu beachten sind die Hinweise aus der M-Information die evtl. feindliche Handlungen des B. deuten.

In Zusammenarbeit mit den betr. Fachabteilungen sind weitere Maßnahmen zur Aufklärung der festgestellten Kontakte einzuleiten.

Gemeinsam mit dem Gen. Bauer von der HA I/MtNr U-Abt prüfen welche Verbindungen zu Bausoldaten aus dem Bereich bestehen.

Wiedervorlage beim Gen. Major Becker T. 30. 7. 83.

Rostock, 05. 05. 1983

Hauptabteilung I/Volksmarine
Unterabteilung Stab he-kah 321/83

Hauptabteilung I/AKG

<u>Berlin</u>

Bausoldat Berg, Stefan – geb. am: 16. 03. 1964 in Berlin
<u>wohnhaft</u> 1193 Berlin, Plesserstr. 11

Durch die Abteilung »M« wurden uns 2 Kopien von Briefen zugestellt, die der B. an den Schriftsteller

Günter de Bruyn [...]

schickte.

In diesem berichtet er über sein Dasein als Bausoldat und äußert den Gedanken, »eine größere Eingabenaktion zu starten«, da die Bausoldaten zum Bau von militärischen Anlagen eingesetzt sind. B. trat bereits mehrfach als Eingabenschreiber in Erscheinung.

Wir bitten um Überprüfung in der zuständigen KD bzw. Abteilung XX der BV Berlin, welche Hinweise zu B. bereits vorliegen und um Übersendung von Kopien des vorhandenen Materials an unsere Diensteinheit. Außerdem bitten wir um die Einleitung von Überprüfungsmaßnahmen zu dem Schriftsteller Günter de Bryn:

- Welche Rolle spielt er im Schriftstellerverband?
- Welche Verbindungen unterhält er?
- Welche operativen Hinweise liegen zu ihm vor?

Wir bitten um baldige Erledigung.
Leiter der Unterabteilung
i. V.

Becker
Major

Dranske, 21.5.83

Lieber Herr de Bruyn!

Ich möchte Ihnen ein frohes Pfingstfest wünschen! Ich hoffe, daß Sie sich bei gutem Wetter dementsprechend gut erholen können.

Hier jedenfalls schlägt die Sonne höchst sommerlich zu; das Wochenende ist »maßnahmenfrei«, und wir alle versuchen uns die Zeit bis Montag möglichst sinnvoll zu vertreiben. Eigentlich hatte ich ja vor, um die Zeit von 19. bis zum 25. in Berlin zu sein. Aber die Organe hatten etwas dagegen, am Mittwoch wurde 4 Bausoldaten aus Berlin begründungslos der Urlaub gestrichen! Ein starkes Stück mal wieder. Da plant man und plant ... und was ist: da stellt sich so ein Knallkopf hin und gibt bekannt, daß man hier feiern darf!! Man hatte wohl um das Pfingsttreffen Angst. Wer weiß, ob sich Kelly oder Bastian[36] mit Bausoldaten auf dem Alex treffen wollten?!

Als Ersatz darf ich vom 3.–8. Juni fahren. Das verdanke ich dem Polit-Chef der Marine, zu dem ich durch einen Eingabenkampf ein erstaunlich originell-gutes Verhältnis habe. Kürzlich hatte ich mit dem Herren ein Gespräch über den Einsatz von Bausoldaten auf Schießplätzen. Es geht wieder um Sozialen Friedensdienst. Vielleicht wird es doch noch was, irgendwann, wenn ich schon längst wieder draußen bin.

In dieser Hoffnung
grüße
ich Sie ganz
herzlich
Ihr Stefan

---

36 Petra Kelly (1947–1992) und Gert Bastian (1923–1992) von den westdeutschen Grünen hatten intensiven Kontakt zur DDR-Friedensbewegung.

27.5.83

Lieber Stefan,

richtig gemein ist von mir, daß ich solange nichts habe von mir hören lassen, aber ich kam in der letzten Zeit einfach nicht dazu: erst das 2. Berliner Friedenstreffen in Westberlin, dann meine Lese-Reise nach Baden-Württemberg, danach war ich gleich wieder in der DDR unterwegs, bei Kirchens, Gespräche mit jungen Pfarrern, die Friedensarbeit machen, da blieb nicht nur das Briefeschreiben auf der Strecke, auch meine eigentliche Arbeit, zu der ich schon seit langem kaum noch komme.

Inzwischen habe ich Ihnen schon für 2 Briefe zu danken, was ich hiermit herzlich tue, wenn auch kurz, da am Dienstag der Schriftsteller-Kongreß beginnt. Sagen will ich da wenn möglich nichts, aber vorbereiten will ich vorsichtshalber doch eine Erklärung, falls ich durch Angriffe zum Reden gezwungen sein sollte. Ich sehe, wie Sie sich denken können, dieser Sache mit großem Unbehagen entgegen. Am 2.6. ist das zuende, dann verlasse ich Berlin sofort wieder, sodaß ich in Ihrem Urlaub also nicht in der Auguststraße bin. Hoffentlich erreicht Sie dieser Brief noch rechtzeitig, damit Sie es nicht unnötig versuchen. Allerschönste Urlaubsfreuden wünsche ich Ihnen!

Ob das Protokoll der 2. Berliner Begegnungen gedruckt werden wird, irgendwo, ist mir noch nicht ganz klar. Ich hoffe es aber doch. Von der 1. übrigens besitze ich noch ein Exemplar. Falls Sie das haben wollen, schreiben Sie mir, ich schicke es dann an Ihre Berliner Adresse.

Bleiben Sie gesund! Ganz herzliche Grüße

Ihr
Günter de Bruyn

19. 6. 83

Spruch
Ich bin der Sieg
mein Vater war der Krieg
der Friede ist mein lieber Sohn
der gleicht meinem Vater schon
(Erich Fried)

Lieber Herr de Bruyn!

Hätte mir vor der Armeezeit jemand gesagt, daß auch diese
Zeit mir etwas geben wird – ich hätte ihn doch etwas skeptisch betrachtet. Nun aber läßt sich das doch eindeutig fest-
stellen.

Da ist z. B. dieser Erich Fried, gefunden in eines Freundes
Schrank. Oder Rainer Kirsch; vieles von Rosa Luxemburg
und was ich noch alles lese (gerade bringt mir einer Greßmann).[37] Ich merke: Trotz Gefangenschaft – Entwicklung ist
nicht aufhaltbar. Das Leben macht mir Spaß.

In letzter Zeit bin ich mehr in Bergen als hier. Eine kleine
Operation am Zahnfleisch war nötig; so mußte ich schon
über eine Woche nach Bergen, dort kann man dann ein wenig lustwandeln, einkaufen, mit Schwestern anbändeln, es ist
alles reichlich zivil.

Der Sommer hat schon etwas betäubendes, alles wird etwas faul; das Meer will sich kaum noch bewegen, meine Post
liegt auch immer länger – auch Ihr Brief, für den ich herzlich
danke.

Das ist echt schön zu hören wie man unterwegs sein kann,
eben wenn man kann. Ich darf nicht mal bis zum Bodden –
kaum 50 Meter sind's, Hiddensee ist für mich hier so uner-

---

37 Uwe Greßmann (1933–1969), Lyriker.

reichbar wie ein Hochhaus Plänterwald[38], wenn ich aus der S-Bahn schaue.

Aber die Zeit geht voran, läuft für uns hier und genutzt wird sie außerdem. Mein Kontakt zur Außenwelt verliert immer mehr an Bedeutung. Das Hiersein hat Eigenständigkeit entwickelt. Man findet Ersatz für Freunde draußen, es bilden sich Kreise in denen zu bereden ist, was man für beredenswert hält.

Bei manchen Menschen wünscht man sich schon das Bleiben von Kontakten.

Wenn das nichts ist?

Es grüßt ganz herzlich
Ihr Stefan

PS: Über die Papiere der 1. Berliner Begegnung würde ich mich riesig freuen.

Saßnitz, 11.7.83

HA I/VM/UA Stab

Aktenvermerk

Am 11.7.83 informierte der StKPA des IBB-18, KL Marg, im Rahmen einer Absprache zu den BS zum BS Berg:
– Nach Information des FDJ-Sekretärs der BS, BS DONAT, hat Berg die Absicht im Rahmen des Literaturcafes im Klub der 6. Flottille eine Brecht-Abend zu gestalten.

---

38 Die Hochhäuser lagen in Westberlin, in Sichtweite des S-Bahnhofs Plänterwald in Ostberlin.

– Am 27. 3. 83 wurde durch die FK Czizek und Winter vom Kdo. der VM eine Eingabe des B. bearbeitet.

In der dazu geführten Aussprache gab B. an:

Durch den Einsatz auf dem Schießplatz wird das Bausoldatensein untergraben. Sein Ziel sei es, mit dieser Eingabe eine grundsätzliche gesetzliche Änderung in Bezug auf den Einsatz von BS zu erreichen.

Er betrachte sich als ein Teil des Volkes und möchte mit Macht ausüben entsprechend der Losung: Arbeite mit – Regiere mit.

Im Weiteren wollte B. eine Auskunft haben, an wen er sich wenden müsse, wenn er Gesetzesänderungen beantragen will.

B. hatte diese Eingabe betreffs des Einsatzes auf dem Schießplatz an mehrere staatliche Organe geschickt.

Am 11. 4. 83 wurden die gleichlautenden durch FK Manteufel bearbeitet. B. gab in dieser Aussprache an, daß er mit dieser Eingabe seinen Protest betreffs dieses Einsatzes zum Ausdruck bringe.

Maßnahme: – Beschaffung der Eingaben, die in der Politabt. des Kdo. der VM liegen.

– Es ist zu gewährleisten, daß jede Eingabe uns zur Kenntnis gelangt und die erreichten Ergebnisse der Bearbeitung

– Überprüfung der Absicht des B. einen Brecht-Abend in Dranske zu gestalten beim Treff mit IM »Heidi« und über die UA 6. Flott.

Heßmann/Hptm.

Diensteinheit   HA I/VM/UA Stab Rostock
Mitarbeiter   Hptm. Heßmann   Reg. Nr. XVIII 3123/83

Übersichtsbogen zur operativen Personenkontrolle

»Künstler«
Deckname

[...]

1. Gründe für das Einleiten

Berg ist Bausoldat, der eine feindlich-negative Grundhaltung zu unserem Staat hat sowie pazifistische Auffassungen vertritt.

Er unterhält Verbindungen zu feindlich-negativen Personen aus religiösen und kulturellen Kreisen.

2. Zielstellung der OPK

Klärung der vorliegenden op.-bedeutsamen Anhaltspunkte zur Persönlichkeit, der pol.-ideol. Grundhaltung, Ziele und Absichten sowie der Verbindungen zu kulturellen und kirchlichen Kreisen des Berg; und rechtzeitiges Erkennen und Verhindern von feindl.-neg. Aktivitäten des Berg unter den Bausoldaten, insbesondere zur Organisierung einer feindlichen Gruppierung und Verbreitung pazifistischer und feindlich-negativer Auffassungen.

3. Entscheidung über das Einleiten

Bestätigt: Leiter der Abteilung   26.7.1983   Knothe, Oberst

4. Eingesetzte IM/GMS
IMK/S »Heinrich«
IMS »Heidi«[39]

Rostock, 26. Juli 1983

Einleitungsbericht zur operativen Personenkontrolle
Deckname: »Künstler«
Personalien: Bausoldat
    Berg, Stefan
    160364 4 30295 in Berlin
    1193 Berlin-Treptow, Plesserstr. 11
    NVA seit: 3.11.82
Wehrersatzdienst
    Ing.-Bau-Batl. – 18
    ledig
    nicht vorbestraft

Zielstellung:

Klärung der vorliegenden op.-bedeutsamen Anhaltspunkte
zur Persönlichkeit, der politisch-ideologischen Grundhaltung,
Ziele und Absichten sowie der Verbindungen zu kulturellen
und kirchlichen Kreisen des B. und rechtzeitiges Erkennen
und Verhindern von feindlich-negativen Aktivitäten des B.
unter den Bausoldaten, insbesondere zur Organisierung einer
feindlichen Gruppierung und Verbreitung pazifistischer und
feindlich-negativer Auffassungen.

---

39 IM: Inoffizieller Mitarbeiter; GMS: Gesellschaftlicher Mitarbeiter für
Sicherheit; IMK: Inoffizieller Mitarbeiter zur Sicherung der Konspira-
tion und des Verbindungswesens; IMS: Inoffizieller Mitarbeiter zur po-
litisch-operativen Durchdringung und Sicherung des Verantwortungs-
bereiches.

Politisch-operative Notwendigkeit:

B. entstammt einer Intelligenz-Familie. Sein Vater ist Diplomphysiker und die Mutter Sekretärin. Er besuchte die EOS bis zum Abschluß der 12. Klasse. B. beabsichtigte, die Schauspielschule zu besuchen, wurde aber aufgrund seiner politisch-negativen Grundhaltung abgelehnt.

Bei der Einberufungsüberprüfung im September 1982 gab er eine Erklärung ab, wonach er als Christ beabsichtige, seinen Dienst in der NVA in den Baueinheiten abzuleisten. Am 03.05.82 wurde er dann zur Ableistung des Wehrdienstes zum IBB – 18 einberufen. (Wehrersatzdienst)

Durch die inoffiziell und offiziell eingeleiteten Aufklärungs- und Überprüfungsmaßnahmen wurde bisher herausgearbeitet, daß B. eine feindlich-negative Grundhaltung zu unserem Staat hat und hinsichtlich der Wehrpolitik pazifistische Auffassungen vertritt. Die Einstellung zeigt sich in den durch die Abteilung »M« festgestellten politisch-op. Hinweisen an den Schriftsteller

de Bruyn, Günter

vom 02.03.83 und 20.03.83 sowie in dem Brief an eine

██████, ██████.

Die feindlich-negative Grundhaltung spiegelt sich auch in den Eingaben des B. an das ZK der SED sowie den Chef der Politischen Hauptverwaltung des MfNV[40] vom 06.03.83 wider sowie in seiner schriftlichen Austrittserklärung aus der FDJ vom 17.06.83, die er an den Zentralrat der FDJ schickte.

---

40 MfNV: Ministerium für Nationale Verteidigung.

B. ist einer der Bausoldaten, der ständig Eingaben schreibt, in denen er sich über angebliche Verstöße gegen die DV's, Erpressungen durch Vorgesetzte beschwert. In einer Eingabe an das ZK verwahrte er sich gegen den Einsatz auf einem Schießplatz und brachte in der Aussprache zur Bearbeitung dieser Eingabe zum Ausdruck, daß es sein Ziel sei, mit den Eingaben eine grundsätzliche gesetzliche Änderung für den Bausoldateneinsatz zu erreichen und er damit seinen Protest zum Ausdruck bringe.

B. unterhält Verbindungen zu Personen aus kulturellen bzw. kirchlichen Kreisen, die als op. bedeutsam einzustufen sind. U. a. hat er postalische Verbindungen zu einem ██████████████████████████████████████ einem OV bearbeitet wird. Dieser ■ gehört zum Verbindungskreis des Pfarrers Eppelmann[41] und war führendes Mitglied in einem evang. Kirchenkreis in Berlin.

Außerdem unterhält B. Verbindung zu dem Schriftsteller

de Bruyn, Günter
[...],

der B. vermutlich bei der Abfassung einer Eingabe an den Chef der Politischen Hauptverwaltung des MfNV unterstützte.

In einem Brief an diesen Schriftsteller äußerte B. den Gedanken, daß es Zeit ist, eine Eingabenaktion zu starken. In den Monaten April, Mai und Juni häuften sich dann auch die Eingaben seitens der Bausoldaten. Durch den Kommandeur wurden am 15.06.1983 insgesamt 15 Eingaben bearbeitet.

---

41 Rainer Eppelmann (* 1943), Pfarrer der Samariterkirchengemeinde in Berlin, Anlaufstelle für kritische Jugendliche und Oppositionelle in der DDR.

B. ist vermutlich einer der Bausoldaten, der mit entschei-
denen Einfluß in der Einheit hat. Er wird als intelligent ein-
geschätzt und tritt als Organisator und Durchführender von
kulturellen Veranstaltungen unter den Bausoldaten auf. So
gestaltete er am 01. März 1983 einen Rilke-Abend für die
Bausoldaten. Der Inhalt der Gedichte trug zum überwiegen-
den Teil kirchlichen bzw. pazifistischen Charakter.

9. 8. 83

Biographie

Rilke, Rainer Maria, österreichischer Dichter, geb. 04. 12.
1875 Prag, gest. 29. 12. 1926 Valmont bei Montreux (Wallis,
Schweiz); studierte in Prag und München (1895/96) Kunst-,
Literatur- und Rechtsgeschichte; hielt sich dann in München,
Berlin und Westerwede bei Bremen auf, wo er zum Worps-
weder Künstlerkreis enge Beziehungen hatte.

   Erlebnisse seiner Reisen nach Italien (1898) und Rußland
(1899, 1999) bewirkten eine tiefe Bindung an Menschen und
Kultur der romanischen und slawischen Völker. In Paris (seit
1902) beeindruckten ihn die Gestaltungsprinzipien des ihm
befreundeten A. Rodin nachhaltig.

   Es folgten Aufenthalte in Nordafrika (1910/11), am
Adriatischen Meer (Schloß Duino, 1911/12), in Spanien
(1912/13); während des 1. Weltkrieges hauptsächlich in
München. Seit 1919 lebte er in der Schweiz.

   In R. verkörpert sich das Lebensgefühl einer ästhetisieren-
den, nach Verinnerlichung strebenden intellektuellen Schicht
des späten Bürgertums, der die eigene Existenz und deren
Verhältnis zur Welt zum schmerzlichen Problem geworden
ist. Eine tiefe, wenn auch verfremdete Heimat- und Volksver-

bundenheit in R.s Frühwerk ist unverkennbar. Hauptmotive seiner späten Dichtungen sind die elegische Einsamkeits-klage und das »Rühmen« der Dinge, das zuweilen in die Nähe einer Apologie des Bestehenden gerät.

Seinem Wesen nach Lyriker, schuf R. eine faszinierende neue Wortmusik (»Das Stundenbuch«, 1905: »Neue Gedichte«, 1907/08; »Duineser Elegien«, 1923; »Die Sonette an Or-pheus«, 1923). Subtil, gedankenreich und stimmungsvoll ist auch seine Prosa (»Die Aufzeichnungen des Malte Laurids Brigge«, 1910; Roman), einschließlich der (etwa 10 000) Re-zensionen und Briefe, die an Umfang das dichterische Werk weit übertreffen. Hinzu kommen klangvollendete Nachdich-tungen (E. Barret-Browning, A. Gide, L. Labé, Michelangelo, P. Valery u.a.) als weitere eindrucksvolle Beispiele von R.s grandioser Formkunst.

Quelle: Meyers neues Lexikon, Band 11
Bibliographisches Institut Leipzig, 1975,
Seite 541–542

F.d.R.d.A.
■■■■, Gefr.

Dranske, 6. 9. 83

Lieber Herr de Bruyn!

Kürzlich hatte ich folgenden Traum:
  Ich fahre auf Urlaub, stelle mich an die Straße und tatsäch-lich: gleich das erste Auto hält, ich steige ein, wir haben das gleiche Ziel: Berlin.

Autobahn; immer geradeaus.

Plötzlich kreuzt die Autobahn eine Militärkolonne, wir werden angehalten, es gibt einen großen Stau, aus einem Fahrzeug der Armeekolonne ertönt über Lautsprecher plötzlich eine Stimme:

»Bekanntmachung: einwöchige Mobilmachung, alle Soldaten sofort zurück in Kasernen, Manöver!«

Es erfolgt eine Ausweiskontrolle, alle Inhaber von Wehrpässen werden aussortiert.

»Antreten!« Wir stellen uns zusammen, ich erkenne auch mehrere andere Bausoldaten, ich trete vor und zeige meinen Urlaubsschein, man lacht darüber.

Ich erkläre, daß ich Bausoldat sei, frage, was man denn überhaupt mit mir anfangen will.

Man lacht, immer wieder.

»Stellen Sie sich zu den anderen!«

»Aufsitzen!« Ein Laster fährt vor, ich sitze hinten erkenne nicht, wohin man uns bringt.

Erst beim Absteigen merke ich: Wir sind Auguststraße; meine Schule inzwischen eine Kaserne, abends geht es raus ins Feld, es wird geübt.

»Stellung« brüllt der Offizier,

alles wirft sich hin, ich weigere mich, will sofort telefonieren, den NVA-Politchef sprechen, will Eingaben schreiben …

… und werde wach.

Jetzt wird es Zeit, mich zu bedanken.

Es war ein toller Urlaubsanfang, ich finde zu Hause gleich einen guten Freund vor, mit mir 12 Jahre Schule, dann einberufen …

… und auf meinem Tisch liegt Ihr Brief, vielen Dank – die Freude war groß!

Und sie hielt den ganzen Urlaub an.

Hier angekommen blies der Wind die Freuden fort.

Es ist Herbst, kalt, naß, windig.

Das Meer ist beeindruckend in Bewegung.

Aber noch ist der Sommer zu nah, noch ist er in den Köpfen, noch kann ich mich nicht über den Herbst freuen. Aber das kommt noch!

In dieser Hoffnung
grüßt Sie
Ihr Stefan

Saßnitz, 23. 10. 83

Lieber Herr de Bruyn!

Wieder fällt mir eine dieser Postkarten in die Hände, und ich will sie Ihnen gleich schicken. Die Verkäuferin schaut mich schon immer schief an, wenn ich sie bitte, mir 10, 20 solchen Machwerks zu verkaufen.

Aber sie ist dann doch froh, denn außer uns kauft die keiner. Selbst Berufssoldaten ist das zu fett.

Genau wie dies Armee-Jahr, so geht auch die ganze Armee-Zeit dem Ende entgegen. Es sind noch 185 Tage, übernächste Woche kommen die Neuen, darunter diesmal Bausoldaten, zehn an der Zahl. (Nach Prora kommen 200!! Neue, dort sind dann knapp 400! Wahnsinn). Wir sind dagegen ein recht kleiner Verein, sechzig Leute, das ist noch überschaubar. Aber mit uns zusammen zu kommen ist für die Neuen wahrscheinlich reichlich deprimierend, wir gehen im April '84, die im April 85'; da kommt in so manchem Schadenfreude auf, Abstumpfung macht sich bemerkbar, ich werde dann immer ruhig, denke an meinen 2. November, und stelle mir die alte Frage:

Muß das alles sein?

Wieder werden Menschen von zu Hause losgerissen, geschliffen; man will Ihnen etwas ABSCHLEIFEN, und hier in einer Saßnitzer Kaserne sitzend merke ich, wie da in einem Jahr für einige von uns Dinge zu Selbstverständlichkeiten geworden sind, die sie vorher verurteilten, ablehnten. Ja, hier geht viel in die Brüche. Aber Sie wissen das aus eigener Erfahrung. Immer öfter versuche ich mich selbst zu testen, versuche heraus zu bekommen, wo ich schon selbst verroht bin. Und manchmal kommt man da schon ins grübeln. Dann gehe ich ans Meer runter. Gestern Abend war es wieder bitter nötig. Es gab Krach hier untereinander. Wie so oft ging es um das Eingehen von Kompromissen, wie so oft wird angefragt, ob man nicht hätte ganz verweigern sollen.

Aber wissen Sie, ich bin dessen reichlich müde.

Es grüßt Sie, so etwas müde

Ihr Stefan

[ohne Datum]

Anfang Juli erfuhr ich aus einem Gespräch mit ███, daß der BS Berg gemeinsam mit dem ███ ein Brecht-Programm vorbereitet. Dieses Programm wollten sie im Literatur-Café der 6. Flotille vorstellen.

Daraufhin habe ich den FK Manteufel über das Vorhaben der BS Berg und ███ informiert und mich ebenfalls mit der Leiterin der kulturellen Einrichtung der ███, ███ diesbezüglich in Verbindung gesetzt.

Von ihr erfuhr ich, daß BS regelmäßig an Veranstaltungen der kulturellen Einrichtung teilnehmen u. a. auch im Literatur-Cafe und sich dort auch selbst betätigen.

– sie, vom BS Berg angesprochen wurde und er sie gefragt hat, ob er auch im Literatur-Cafe auftreten könnte

dabei teilte er ihr u. a. mit, daß er großes Interesse an künstl. Selbstbetätigung hätte, sich schon vor der Armeezeit dafür angagiert hat und auch Programme schon selbst gestaltet hätte.

– er fragte sie, ob es nicht möglich wäre, daß er im Literatur-Cafe einen Rilke-Abend gestaltet

■■■ sagte ihm, daß sie das nicht allein entscheiden könnte, sein Anliegen ihrer Arbeitsgruppe aber zur Entscheidung vortragen würde.

Wenige Tage später teilte sie dem BS Berg mit, daß die Arbeitsgruppe es nicht für angebracht hält, einen Rilke-Abend zu gestalten, da die Schwerpunkte der Literaturpropaganda bei anderen Schriftstellern liegen.

Darauf fragte BS Berg nach Schriftstellern, die SP in der Literaturpropaganda sind.

■■■ zählte eine Reihe von Namen auf, unter ihnen Brecht. Daraufhin sagte der BS Berg, daß er ein Brecht-Programm vorbereiten würde und fragte gleichzeitig nach der Möglichkeit des Auftritts mit diesem Programm im Lit.-Cafe.

■■■ antwortete ihm, daß diese Möglichkeit bestehen würde, natürlich aber nach einer Durchsprache des Programms in ihrer Arbeitsgruppe

Nach dem Gespräch mit ■■■ unterhielt ich mich mit dem BS BERG

Darin ging es u. a. auch um das Brecht-Programm.

BS Berg sagte mir, daß er dieses Programm gemeinsam mit dem ■■■ vorbereitet, ihnen das sehr viel Freude macht, es eine gute Abwechslung ist …

In diesem Programm sollten folgende Stücke von Brecht gebracht werden:

- M. Messer Lied
- Deutschland (1933)
- Liturgie von Hauch
- Das Alphabet
- Zinnkrug
- Mein Bruder war ein Flieger
- dt. Satiren
- Hitler-Choräle

Dieses Programm kam nicht zur Aufführung.

Mitte September unterhielt ich mich mit dem BS Berg und sagte ihm, daß im Oktober im Bereich der PLA KVM ein Kulturausscheid stattfinden würde.

Gleichzeitig fragte ich ihn, ob er nicht Lust hätte, dort aufzutreten.

Seine Entscheidung sollte er mir in den nächsten Tagen mitteilen. Nach einigen Tagen wurde ich dann durch den BS Berg daraufhin angesprochen.

Er erklärte mir seine Bereitschaft und fragte gleichzeitig, ob er sich nicht gemeinsam mit dem ▬▬ auf den Ausscheid vorbereiten könne, da sie beide schon früher in dieser Richtung zusammengearbeitet hätten.

Am 3. 10. stellte BS Berg sein Programm vor.

Bei dieser Vorstellung waren ▬▬, ▬▬ und ▬▬ anwesend.

▬▬ befand sich zu diesem Zeitpunkt noch auf der Baustelle. BS Berg trug von Brecht »Das Alphabet« und ein Gedicht eines West-Berliner Schriftstellers vor.

Für das Gedicht des WBln. Schriftstellers brachte er eine Einleitung.

Sinngemäß brachte er zum Ausdruck:

in dem Gedicht geht es um einen Außenseiter der Gesellschaft

Außenseiter sind zwar nicht das Typische einer Gesellschaft

Sie haben uns aber auch immer etwas zu sagen, machen uns auf Probleme aufmerksam

An den Inhalt des Gedichtes kann ich mich nur dunkel erinnern. Es ging in ihm u. a. darum, daß jemand, gehetzt von der Polizei, in einem dunklen Keller sitzt ...

Nach dem Vortrag unterhielten wir uns mit dem BS Berg über dieses Gedicht und fragten ihn, ob er sich als BS durch den Außenseiter des Gedichtes repräsentiert sehen will.
Wir sagten ihm, daß bei uns dieser Eindruck entstanden sei.
Darauf erwiderte er, daß das nicht seine Absicht gewesen sei und er eigentlich in seiner Einleitung noch betonen wollte, daß das Gedicht die Zustände in Wbln. beschreibt.

Unsere Argumente erkannte er an und stellte das Programm um.
Bei einer nochmaligen Probe brachte er dann:
– Brecht »Deutschland (1933)
– Brecht »Das Alphabet«
– Brecht M. Messer«

Dieses Programm wurde dann auch am 20. 10. zum Kulturausscheid vorgetragen.
Der ▮▮▮ brachte dort noch ein Instrumentalstück und begleitete den BS Berg beim Vortrag der Gedichte.[42]
[Unterschrift eines MfS-Mitarbeiters]

---

42 Der Auftritt wurde von der Jury mit dem Prädikat »sehr gut« bewertet.

29.11.83

Lieber Stefan,

aus einem Riesenberg unbeantworteter Post habe ich mir Ihren Brief herausgefischt – damit meine Antwort Sie nicht erst Weihnachten erreicht, denn dann kommt sowieso viel Post oder Sie sind zu Hause, wenn auch nur für ein paar Tage, aber dann haben Sie die schlimme Zeit ja bald überstanden. Und dann? Leicht wird es auch dann nicht, aber angenehmer doch auf jeden Fall. Ich bin gespannt, was Sie dann beginnen werden. Wissen Sie es schon?

Ich war krank, habe sehr viel Arbeit, und in der Friedensdekade im November war ich viel auf Reisen (Güstrow, Rostock, Dresden, Halle), um vorzulesen, zu diskutieren, meist in Kirchen, auch wenn die Friedensgruppen, die mich eingeladen hatten, nicht immer kirchliche waren. Mit soviel Leuten zusammenzutreffen, die gegen den beiderseitigen Rüstungswahnsinn etwas zu sagen wagen, ermutigt sehr, auch wenn man sich immer wieder sagen muß, daß das ja nur eine Minderheit ist. Aber Angst war auch da, daß mit der neuen Runde des Rüstungswettlaufs die Repressalien härter werden könnten. – Während ich unterwegs war, hörte ich oft davon, daß in Betrieben versucht worden war, die Leute dazu zu bringen, durch Unterschrift die Stationierungen hier zu begrüßen, und daß das oft scheiterte, sodaß man es wieder sein ließ. Nun stationiert man eben ohne Begrüßung – aber daß den Leuten dieser Wahnsinn doch zu wahnsinnig erscheint, finde ich doch bemerkenswert. Oft zitiert man Honecker, der, es ist noch nicht lange her, sehr richtig gesagt hat, daß mehr Raketen nicht mehr Sicherheit bedeuten. – Und die drohende Wehrpflicht für Frauen stößt auch hier und da auf Widerstand. Mutige Frauen gibt es da ...

Spätestens wenn Ihre Leidenszeit um ist, müssen wir uns

mal sehen, und Sie müssen erzählen! Bleiben Sie gesund und aufrecht!

Ihr
Günter de Bruyn

Saßnitz, 4. 12. 83

<u>Lieber Herr de Bruyn!</u>

Wenn auch in diesem Jahr von adventlicher Stimmung hier nicht viel zu merken ist, so merkt man wenigstens eins: es ist ruhig – und das ist schon viel wert.

Diese Ruhe nutzend möchte ich heut nicht allein Dank sagen (Ihr Brief erreichte mich gestern), sondern auch schon jetzt eine Ihnen angenehme Weihnachtszeit wünschen, Gesundheit an erster Stelle und ein frohes ergiebiges Jahr!

Ach, was ist das für ein Gefühl vom nächsten Jahr zu schreiben, was alles verbindet sich für mich damit!

In genau 144 Tagen werde ich aus dem Tor treten, werde 544 Tage Soldatseinmüssen hinter mich gebracht haben, anderthalb Jahre Erfahrungen sehr eigener Art – und die gilt es erst einmal zu verarbeiten. Ich will mich also keinesfalls gleich wieder in einen Urlaub stürzen, in ein Tramp-Abenteuer, will erst einmal zu mir kommen, allzu schnell würden Konturen verwischen.

Und gerade das darf nicht passieren!

Und so sehne ich mich sehr nach (nicht zu erwartender) Ruhe, denke an einen Monat irgendwo in Mecklenburg, ein Haus, wenige – aber sehr gute Freunde um mich. Aber wie unreal ist das doch alles, kaum wird es so werden, ganz anders, hektischer wird es kommen, auf Arbeitssuche werde ich gehen, Wohnungssuche auch, denn nach 18 Monaten Zwangskommune, 18 Monate Teilung aller Dinge, vom Schlafraum bis zur Toilette alles – da will man etwas für sich haben, etwas Abschließbares,

und im Hinterkopf immer die Frage:

Stefan, was auf lange Zeit ist hier für dich machbar? Ein Teil der Antwort auf diese Frage hoffe ich in hier entstandener Freundschaft zu finden. Es hat sich eine recht feste Gruppe von Leuten zusammengefunden, die meinen, hier sowohl künstlerisch, als auch politisch einiges unternehmen zu können. Und leider ist grad Letzteres so bitter nötig. Wir wollen uns also nicht aus den Augen verlieren, sondern versuchen nach neuen Inhalten und Formen des Theaters zu suchen.

Ja, es klingt ein wenig hochtrabend und gleichzeitig zu allgemein – dieser letzte Satz – aber, was in unseren Köpfen vor sich geht zu beschreiben und dem Ausdruck zu verleihen ist angesichts der Enge und MUFFIGKEIT hier nicht gerade einfach.

Aber genau das wollen wir in Angriff nehmen.

Vor Augen haben wir die Zeit der zwanziger, dreißiger Jahre, eine Zeit, die so künstlerisch-produktiv, wie furchtbar war. Mit Namen wie Fallada, Döblin, Mühsam, Kästner, Remarque (...) verbindet sich für uns die Hoffnung selbst einmal Großes hervorzubringen, aber auch gleichzeitig die Befürchtung, daß die Zeit in der wir leben, genau wie die damalige eine VORKRIEGSZEIT ist. Das Wissen, daß es sich bei dieser Vorkriegszeit um die letzte überhaupt handeln würde sitzt einem im Nacken und treibt.

Sie schrieben von Friedensgruppen, von der Friedensdekade (laut Polit-Unterricht »ist bei uns seit 1949 Friedensdekade«), von Leuten, die gegen den Wahnsinn unsrer Epoche angehen wollen, kurz vom Mut zum Widerstand.

Auch ich finde da manches bemerkenswert, manches stimmt optimistisch.

Inzwischen habe ich regen Kontakt zu einem der 360 Bausoldaten (!!!) in Prora, einer aus der Gruppe um den verstorbenen R. H. und den Pfarrer Eppelmann.[43] Er hat genausoviele Tage NVA hinter sich, vor sich jedoch einen Monat mehr. 23 Tage Knast bedeuten für ihn, daß er frühestens am 24. Mai (statt 26. April) aus dem Tor treten wird. Er steht mit einem Bein in SCHWEDT[44] – seine Zeit ist wirklich eine Leidenszeit zu nennen. Zum Glück gibt es Bischöfe, die sich für ihn – sein Name ist RALF HIRSCH[45] – stark machen, die ihm Rückendeckung geben. Sehr nötig hat er sie. Am 20. 11. erreichte mich ein Brief per Einschreiben von ihm. Daraus möchte ich Ihnen zitieren:

»Ja, lieber Stefan, für 6 BS, darunter auch meine Person, gab es wegen Befehlsverweigerung (Sonntagsarbeit) 10 Tage Knast und diese 6 sollten vor den Militärstaatsanwalt und dann nach Schwedt.

Vom Staatsanwalt und von Schwedt wurden auf Grund des Einsatzes aller Bischöfe Abstand genommen, die Sache hatte DDR-weites Aufsehen erregt, und es ist noch einmal gut gegangen, am 19. 10. sind alle wieder auf freiem Fuß gewesen.

Unsere Vorgesetzten sind mit dieser milden Bestrafung total unzufrieden, daraus machen sie auch kein Geheimnis.

Ständig wird an dem Ast der 6 Leute gesägt, und so ist meiner fast durch. Am 19. 10. bin ich aus der Arrestanstalt DRANSKE gekommen, und am 4. 11. befand ich mich schon wieder für 10 Tage im Knast Lohme. Der Grund dafür war eine angebliche Beleidigung eines Offiziers, die mir bis heute

---

43 Robert Havemann und der Berliner Pfarrer Rainer Eppelmann waren Verfasser eines Abrüstungsappells.
44 In Schwedt befand sich das zentrale Militärgefängnis der DDR.
45 Ralf Hirsch (* 1960) wurde Mitbegründer der »Initiative für Frieden und Menschenrechte«, zahlreiche Spitzel waren auf ihn angesetzt.

nicht nachgewiesen wurde, wie auch, ich hab sie nicht getan ...«

Lieber Herr de Bruyn, sie schreiben von der Angst vor härter werdenden Repressalien, auch ich habe diese Angst, bekomme sehr große Angst, wenn ich an meinen Freund Ralf in Prora denke.

Ich weiß, die Bischöfe helfen, aber wie lange wird das noch ausreichen!?!!

Ich möchte Sie bitten diesen Menschen zu helfen, ich weiß wie begrenzt auch Ihre Mittel und Möglichkeiten sind, aber ich bitte Sie, diese auszuschöpfen, damit sich die Dienst-, besser gesagt Knastzeit Ralfs nicht noch mehr ausdehnt.

Bitte nehmen Sie in der Sache HIRSCH Kontakt zu Forck[46] oder Eppelmann auf, bitte helfen Sie!

Lieber Herr de Bruyn,

meinen letzten Urlaub habe ich über Silvester, dann sind es noch 112 Tage,

solang ist das nicht mehr.

Mit W. Biermann möchte ich schließen:

»WIR WOLLEN ES NICHT VERSCHWEIGEN
in dieser Schweigezeit
Das GRÜN bricht aus den Zweigen,
dann wissen sie Bescheid
DANN WISSEN SIE BESCHEID!«

Es grüßt Sie ganz dankbar
und herzlich
Ihr
Stefan

---

46 Gottfried Forck (1923–1996) war Bischof der Evangelischen Kirche von Berlin-Brandenburg.

Hauptabteilung XX/4

Operative Einschätzung zur Person Berg, Stefan,
geb. 16.3.63
  wh: 1193 Berlin, Plesserstr. 11

Zu Plänen und Absichten des B. für seine weitere berufliche
Entwicklung wurde bekannt, dass er derzeit daran interessiert ist, nach Ableistung seines Wehrersatzdienstes als Bausoldat ein Journalistik-Studium aufzunehmen. Zur Sicherung
des dazu vorher notwendigen einjährigen Volontariates wurden seinerseits bereits Gespräche mit Presseorganen der CDU
geführt, die jedoch bisher ohne Erfolg blieben.

Hinweisen und Vorschlägen durch andere kirchliche Personen, erst ein Theologie-Studium zu absolvieren, um dann
journalistisch tätig zu werden, stand der B. bisher ablehnend
gegenüber. Er begründete das u. a. mit Erfahrungen, die sein
Bruder während des Theologiestudiums in Greifswald gemacht haben soll.

Im Zusammenhang mit Problemen und Auseinandersetzungen, die der B. während seiner EOS-Zeit auf Grund seines sogenannten christlichen Engagements gehabt haben
soll, wurde bekannt, dass er an Schriftstellerlesungen mit
dem operativ bekannten Stefan Heym in der Kirche Eichwalde teilgenommen hat. Außerdem soll B. mit dem Schriftsteller Günter de Bruyn im Briefwechsel gestanden haben.
Durch de Bruyn soll ihm auch eine Protokollniederschrift der
»Berliner Konferenz Europäischer Schriftsteller« von 1981
zugesandt worden sein.

Hinweise über geplante, bzw. bereits realisierte feindlich-
negative Aktivitäten des B. und zu seinem Umgangs- und Be-
kanntenkreis wurden nicht bekannt.

MINISTERRAT
DER DEUTSCHEN DEMOKRATISCHEN REPUBLIK
Ministerium für Staatssicherheit

Verwaltung
Abteilung   HA I/8
Referat   UA 3
[...]

Ermittlungsbericht

Es sollte ermittelt werden
Berg, Stefan
geb. am 16.3.1964 in Berlin

Es wurde ermittelt: Stefan Berg
geb. 16.3.1964
PKZ   160364 4 3029 5
Schüler EOS »Max Planck«
NVA seit 2.11.1982
wohnhaft seit
24.4.67   1193 Berlin, Plesserstr. 11

Der zu ermittelnde Berg ist unter der obengenannten Anschrift im Haushalt seiner Eltern wohnhaft und polizeilich
gemeldet.

Berg, Stefan besuchte die EOS »Max Planck« in Berlin,
Auguststraße und legte sein Abitur am 2. Juli 1982 mit dem
Prädikat »Gut« ab.
  Der Berg wird als sehr intelligenter junger Mensch einge-
schätzt, mit einer hohen Allgemeinbildung. Innerhalb der

Schulklasse verstand er es, bedingt durch seine sprachliche Wendigkeit und toleranten Auftreten, andere Mitschüler zu begeistern und in ihrer Meinungsbildung zu beeinflussen. Bei auftretenden Problemen zwischen dem Klassenkollektiv und den Lehrern trat der Berg als Klassensprecher auf. In seinen Äußerungen und Auftreten gegenüber Lehrern wußte er genau, wo seine Grenze lag, um harten Auseinandersetzungen aus dem Wege zu gehen. Da seine Weltanschauung nicht auf der Basis des Marxismus-Leninismus fußt, wirkten sich seine ideologischen Aktivitäten innerhalb der Klasse negativ aus. So gelang es ihm, bei mehreren Mitschülern Interesse zu wecken, gemeinsam mit ihm eine Veranstaltung in einer Kirche zu besuchen, wo der Schriftsteller Stephan Heym eine Vorlesung hielt. Auf Grund dieser Tatsache hat die Schulleitung Überlegungen angestellt, Berg, Stefan nicht für die Abiturklasse zuzulassen.

Der zu Ermittelnde erhielt eine Bewerbungskarte für die Berufsausbildung und wollte 1980 die Lehre als Facharbeiter für Nachrichtentechniker bei der Deutschen Post in 1080 Berlin, Otto-Nuschke-Str. 42 beginnen.

Weiter intensive Prüfungen des Schulrates ergaben, daß der Berg für die Abiturklasse zugelassen wurde (sh. Anlage).

Innerhalb der EOS war der zu Ermittelnde, bedingt durch sein großes Interesse auf kulturellem Gebiet, welches in ihm durch das Mitwirken an 4 Filmen der DEFA[47] geweckt wurde, sehr aktiv. Auf Grund seiner schauspielerischen Fähigkeiten und Erfahrungen wirkte er an kulturellen Veranstaltung innerhalb und außerhalb der Schule aktiv mit. In diesem Zusammenhang wurde weiterhin bekannt, daß der Berg in einer Arbeitsgemeinschaft (Laienspielgruppe) der Kirche tätig

---

47 Hier irrt der Staatssicherheitsdienst. Stefan Berg spielte in einem DEFA-Märchenfilm und zwei Fernsehspielen mit.

gewesen sein soll. An kirchlichen Feiertagen spielt er innerhalb kirchlicher Veranstaltungen das Instrument Posaune.

Der zu Ermittelnde wurde von seinen Eltern sehr stark religiös erzogen. Er soll keine sozialistische Jugendweihe erhalten haben und ihm wurde von seiten der Eltern nicht gestattet, Mitglied der Pionierorganisation zu werden. Zwischen
ihm und seinen Eltern führte das zu gesellschaftspolitischen
Konflikten und er stellte selbst an die Pioniergruppe seiner
Klasse den Antrag, Mitglied der FDJ zu werden, welchem
zugestimmt wurde.[48]

Bedingt durch sein großes Interesse auf kulturellem Gebiet, welches sich auch durch häufige Theaterbesuche zeigte,
hatte der zu Ermittelnde Interesse, den Beruf eines Lehrers
für Deutsch/Geschichte zu ergreifen. Der Berg bewarb sich
1982 (12. Klasse) an der Humboldt-Universität zu Berlin für
dieses Studium. Seine eigenen Vorstellungen waren, nach
1 ½ jährigen Grundwehrdienst bei der NVA, 1984 dieses
Studium aufzunehmen. Das Lehrerkollektiv der EOS war
mit dieser Studienrichtung nicht einverstanden, da der Berg
nicht die nötigen Voraussetzungen für diesen Beruf besitzt.
Die Bewerbung wurde am 17.1.1982 von der Humboldt-
Universität aus Kontingentsgründen abgelehnt. Beim Umlei-
tungsgespräch, welches kein Ergebnis erbrachte, wurde fest-
gestellt, daß parallel zu seiner Bewerbung an der Humboldt-
Universität eine Bewerbung an der Hochschule für Schau-
spielkunst »Ernst Busch« Berlin bestand. Der Berg äußerte,
daß er bereits eine Eignungsprüfung an der Schauspielschule
ablegte und nach 1 ½ Jahren Armeezeit dieses Schauspielstu-
dium aufnehmen wird.

---

48 Der FDJ-Eintritt erfolgte im Konsens mit den Eltern als Kompromiss-
Signal an den Staat.

[Aus der angeforderten Schulermittlungsakte:]

Berlin, den 05. September 1979

<u>Schul-Ermittlung</u>

zu: Berg, Stefan, geb. am 16. 03. 1964 in Berlin,
Klasse 10/3 der erw. OS »Max Planck«

Auskunftsperson: Genossin Zenner, Klassenleiterin
Legende: Vorkommnis im Juni 1979
Ermittlung durchgeführt am: 4. 9. 1979

Berg ist auf Grund einer Eingabe seiner Eltern auf die erw.
OS gekommen. In der Beurteilung seiner alten Schule im
Stadtbezirk Treptow ist vermerkt, daß Stefan <u>Differenzen
mit seinen Eltern politischer Natur hatte.</u>
<u>Im Elternhaus wird er gläubig erzogen und bekennt sich
auch dazu.</u> Er ist ein interessierter und aufgeschlossener
Schüler, der nach dem Abitur Schauspieler werden möchte.
Stefan beteiligt sich an politischen Diskussionen aktuell-
politischer Probleme und vertritt dabei einen pazifistischen
Standpunkt. Seine Ideologie ist beeinflußt durch westliche
Massenmedien. Ihm gefällt der »Eurokommunismus« und
die Franzosen und Italiener findet er »schau«. Die Mitarbeit
von Schülern im Produktionsbetrieb findet er als »schlecht«,
es wäre doch besser auf der Klassenbasis Renovierungs-
arbeiten in der Schule durchzuführen. Dazu wäre er auch bereit.
Während der Sommerferien hat Berg nicht in einem Be-
trieb gearbeitet.
Das Klassenkollektiv hat sich verpflichtet, durch Arbeits-
einsätze in Produktionsbetrieben pro Schüler ein Solidari-
tätsaufkommen von 60,– M zu erarbeiten. Berg hat nur ein

einziges Mal an einem Einsatz im EAW[49] teilgenommen. Ob er die erarbeiteten 12,– M als Spende abgerechnet hat, kann die AP nicht sagen.

Stefan hat ein sehr großes Geltungsbedürfnis. Er weiß Vieles, ist sehr belesen und renommiert damit. Seine Stellung im Klassenkollektiv ist kompliziert.

25 % der Schüler bewundern ihn, 50 % bezeichnen sein Verhalten als »Clownerie«, die restlichen 25 % vertreten den Standpunkt, er hat auf der erw. OS nichts zu suchen. Diese 25 % sind aber noch nicht so stark, ihre Meinung in Auseinandersetzungen zur Geltung zu bringen.

Alle Schüler dieser Klasse kommen aus dem Stadtbezirk Treptow.

Berlin, den 19. Juni 1979

Information

Betr.: Erweiterte OS »Max Planck« – Teilnahme von zwei Schülern der Klasse 9/3 an einer Lesung des Stefan Heym

Information durch: Genossin Zenner, Klassenleiterin, Genossen Kalex-GOL-Sekretär[50]

Die Schüler ■■ ■■ geb. am ■■ in Berlin, ■■■ ■■ wohnhaft und

---

49 EAW: Elektro-Apparate-Werk.
50 GOL: Grundorganisationsleitung der FDJ in der Schule. Klaus Kalex wurde nach 1990 in der PDS aktiv. Auf Anfrage teilte er mit, er könne sich an den Vorgang nicht erinnern, er wollte ihn aber auch nicht bestreiten.

Stefan Berg, geb. am 16.03.1964 in Berlin,
1193 Berlin, Plesser Str. 11 wohnhaft,

haben am 15. Juni 1979, an einer Lesung des Stefan Heym in
der evangelischen Kirche in Eichwalde, b. Bln. teilgenommen.
Herausgekommen ist es durch den Schüler Berg selbst.
Auf der FDJ-Versammlung der Klasse 9/3 am 18.06.79
wurde über diesen Fakt gesprochen. Heym ist wegen seiner
Devisenvergehen rechtskräftig verurteilt worden und wegen
seiner antisozialistischen Haltung, Nichteinhaltung des Sta-
tuts u. a. aus dem Schriftstellerverband der DDR ausgeschlossen worden. Welche Parteilichkeit ist von ihm zu erwarten?

■■ sagte: »Ich wollte mir aus Neugier diesen ›kaputten
Typ‹ mal ansehen, mir selber ein Urteil über ihn machen. Ein
zweites Mal gehe ich zu einer Lesung von Heym nicht hin!«

Berg argumentierte, das Thema des Buches »König David« war ein kirchliches Thema. Heym selbst weiß, daß er
vom Westen ausgenutzt wird. Es ist aber die einzige Möglichkeit für ihn, bei uns zur Veränderung zu wirken.

Berg ist kirchlich stark gebunden und bekennt sich auch
dazu. Sein älterer Bruder, der aktiv in der Jungen Gemeinde
arbeitet, hat ihn auf diese Lesung von Stefan Heym aufmerksam gemacht.

Beide Schüler haben künstlerische Ambitionen. Sie sind in
der Schauspielerkartei des Fernsehens der DDR erfaßt und
haben schon in kleineren Rollen mitgewirkt. ■ will nach
dem Abitur Regisseur und Berg Schauspieler werden.

Beide sind leistungsmäßig sehr gute Schüler und werden
auch die Delegierung in die Abiturstufe erreichen.

b.w.

■■■■■■■■■■■■■■■■

Der Vater vom Berg ist Dipl.-Physiker, die Mutter ebenfalls Sekretärin. In diesem Elternhaus ist der kirchliche Einfluß sehr stark.

Berlin, den 11. Dezember 1981
[...]

Information über negative Einflüsse aus kirchlichen Kreisen auf Schüler der EOS »Max Planck«

In der Anlage übersenden wir Ihnen eine inoffiziell erarbeitete Information zur weiteren Auswertung. Bei der Auswertung der Information bitten wir um Quellenschutz.

Genschow
Oberst

Information

Inoffiziell wurde folgender Sachverhalt bekannt:

Stefan Berg, geboren am 16. 3. 1964, wohnhaft in 1136 Berlin/Treptow, Plesser Str. 11 ist – erst durch Eingabe nachträglich delegiert – seit 1. 9. 1978 Schüler der EOS »Max Planck« in Berlin-Mitte. Er besucht zur Zeit die Klasse 12/3 dieser Schule.

Im Verlauf des 9. Schuljahres gab es keine besonderen Auffälligkeiten im Verhalten Stefans. Er hatte wie einige andere Schüler seiner Klasse auch Probleme bei der Anerkennung von höheren Forderungen an die Disziplin und die Arbeitshaltung sowie an das politische Bewußtsein und Verhalten eines FDJlers. Erst im Juni 1979 wurde bekannt, daß Stefan für den Besuch einer Lesung, durchgeführt von Stefan Heym in einer Kirche (vermutlich Eichwalde) in der Klasse geworben hat. Stefan Berg und ██ ██ haben diese Veranstaltung besucht. Nach Bekanntwerden wurde dieser Vorfall sofort durch die FDJ-Leitung mit Stefan, in der FDJ-Gruppe in Gegenwart des GOL-Sekretärs, Klaus Kalex, auf einer Elternaktivsitzung sowie auf einer Genossenelternversammlung geleitet von der Parteisekretärin der Schule, Genossin Rossa, ausgewertet.

Da Stefan weder seinen Fehler erkannt, noch eingesehen hat und seine Haltung zur FDJ nicht ausreichend den Erfordernissen entspricht, sollte er nicht in die Abiturstufe delegiert werden. Soweit bekannt wurde, ist Stefan auf Entscheidung der Stadtbezirksschulrätin, Genossin Börbach, die ein Gespräch mit seinen Eltern geführt haben soll, doch in die Abiturstufe delegiert werden.

Diese Entscheidung ist von einigen Schülern, einigen Eltern und den Mitgliedern des Elternaktivs bis heute nicht verstanden worden. Seit dieser Zeit gibt es Hinweise, daß Stefan politisch negativ auf die Bewußtseinsentwicklung seiner Mitschüler einwirkt.

Der Schüler ■■ ■■ (ebenfalls zur Zeit 12/3) war Berufsoffiziersbewerber bis September 1981 und nimmt nun eine pazifistische Haltung ein. Der Vater dieses Schülers, ■■■, ■■ ■■ vertritt die Auffassung, daß das auf den Einfluß Stefans zurückzuführen ist. Stefan vertrat in Diskussionen oftmals den Standpunkt eines Pazifisten und argumentierte gegen die Gewinnung von Berufsoffizieren und Soldaten auf Zeit. Er wolle 1½ Jahre zur NVA gehen (sein 4 Jahre älterer Bruder soll Bausoldat sein).

Der Schüler ■■ ■■ (ebenfalls z. Zt. Klasse 12/3) nimmt bei politischen Auseinandersetzungen eine labile Haltung ein. Er besitzt engeren Kontakt zu ■■ ■ und besuchte eine Blues-Messe und Kirche. Stefan ermöglichte das Proben einer Band (ein Mitglied ■■ ■) in kirchlichen Räumen.

Bei der Auswahl des Stückes als Beitrag der Klasse zur jährlich stattfindenden Werkstattwoche unserer Schule hatte er wesentlichen Anteil. So leitete er im 9. und 10. Schuljahr die Proben zu Stücken von Tucholsky.

Im November 1980 wurde von ▬ ▬ ein Stück von Stefan Heym vorgeschlagen. Erst nach langwieriger Diskussion, die auch durch die Parteisekretärin, Genossin Rossa geführt worden war, konnte die Absetzung des Stückes erreicht werden. Einen engeren Kontakt besitzt Stefan zu seinen Mitschülern ▬ ▬, ▬ ▬ und ▬ ▬

Die Ausstrahlung Stefans auf andere Schüler ist schwer nachweisbar, da die Hälfte seiner Klasse ihn stützt. Auskunft würde evtl. ▬ ▬ geben können, da sie mit Stefan eine Zeit lang zusammengearbeitet und kirchliche Veranstaltungen bzw. Einrichtungen besucht hat.

Durch den persönlichen Einfluß von Stefan sind von anfänglich 16 Schülern nur noch 2 bereit, ein Pädagogikstudium und von 4 Berufsoffiziersanwärtern nur noch 1 Schüler aus dieser Klasse, der an seinem Berufswunsch festhält.

Da Stefan noch heute das Organisationsprinzip des demokratischen Zentralismus ablehnt und sehr eigenartige Vorstellungen über die Funktion eines Lehrers in unserer sozialistischen Gesellschaft besitzt, sind einige Klassenkameraden, einige Eltern und Lehrer der Auffassung, daß Stefan für die Tätigkeit an einer unserer allgemeinbildenden polytechnischen Oberschulen nicht geeignet ist.

Er hat sich im September 1981 an der Humboldt-Universität zu Berlin, Sektion Pädagogik, Fachrichtung Deutsch/ Geschichte beworben und will 1982 dort ein Studium aufnehmen.

Weber
Oberltn.

Saßnitz, 1.3.84

Lieber Herr de Bruyn

Jetzt können wir endlich sagen: »Nächsten Monat ist es soweit«
1. März, noch 56 Tage Uniform!!
Sie können sich gar nicht vorstellen, was das für ein Gefühl ist!! Und kein Tag vergeht, ohne daß man sagen könnte:
»ach, was hätte ich draußen unternehmen können«, dieser
elende Gleichlauf. Immer den gleichen Ärger mit Frühsport,
Saubermachen, zum Essen marschieren ..., abends dann
Post: Ralf aus Prora schreibt – wieder Knast, wieder Bestra-
fungen, harte Arbeit, Vermessung ... anderswo ists schlimmer, »für uns gibt es keine Klagen.«
Heute wurden von Rostock wieder Eingaben beantwortet,
dabei auch eine Anfrage betreffs der »witzigen« Postkarten
die vom Militärverlag vertrieben werden. Antwort: »Das ist
Geschmackssache, sie müssen die ja nicht kaufen.« Ein Hohn!
Wiedermal vergeblich angerannt.
Andere beklagten sich darüber, daß sie nun schon die
8. Woche hintereinander den Urlaubsantrag gestrichen zu-
rückbekommen, begründungslos, Leute, achtundzwanzig-
jährig, deren Frauen Gespräche betreffs Ausreise haben; das
bringt Probleme, die sich per Brief u. Telefon nicht klären
lassen. (Aber wem sag ich das.)
Viele Gerüchte betreffs Ausreisewelle erreichen uns. »Die«
ist schon drüben heiß es, »der« hat erzählt ...
Hoffnungen, Enttäuschungen.
Mich beschäftigen in letzter Zeit natürlich immer mehr
die Probleme, die die Entlassung mit sich bringen: Arbeit,
Wohnung, Urlaub ... – und überhaupt. Ich bin vollkommen
unentschlossen, nicht aber ohne Hoffnung. Nicht neben-
sächlich und ohne Einfluß ist dabei, was ich momentan an

Literatur bevorzuge: Dostojewski, Tolstoi, ich bin dabei eine mir vollkommen neue Welt zu erschließen, neue Werte, neue Frömmigkeit auch.

Zwei Figuren gehen mir nicht aus dem Sinn, Dostojewskis Raskolnikow und Tolstois Nechljudow aus »AUFERSTEHUNG« – diese Bereitschaft zum Leiden, dieser Wille zur Veränderung. Nechljudow geht nach Sibirien, gibt so viel auf. Vielleicht ist es wirklich das Beste, sich nirgens so festzusetzen, sich freizuhalten. Besitz bringt Trägheit mit sich.

Abstand gewinnen! Versuchen will ich für eine geraume Zeit nach Prag zu ziehen. Eine tschechische Freundin wird mir das hoffentlich irgendwie möglich machen. Für ein paar Monate?

Wenn es nur schon
so weit wäre!!

Viele liebe Grüße
Ihr
Stefan

11.3.84

Lieber Stefan,

ich lebe seit einigen Wochen in solcher Hektik und Arbeitsanspannung, dass ich gar nicht zum Briefeschreiben kam. Als aber gestern Ihr Brief kam, hab ich mir gesagt: für einen Brief ist immer Zeit! Und viel mehr wird es auch nicht. – Ja, Ihre Zukunftssorgen verstehe ich gut. Vielleicht reden wir dann mal darüber in Berlin, wenn Sie es hinter sich haben. In Prag ist es nicht viel besser, in mancher Hinsicht wohl gar schlechter. Und ob Ausreise wohl die bessere Lösung ist? Kaum! Ich bin leider von Ende April bis Anfang Juni verreist, so daß wir uns erst im Juni sehen können. Alles Gute noch für die letzten Wochen!

Ihr Günter de Bruyn

Berlin, 14. 5. 84

Lieber Herr de Bruyn,

nun sind die ersten beiden Wochen ohne Uniform, ohne Kaserne, ohne das Zählen der Tage, ohne Angst vor Knast, ohne Urlaubsschein, ohne Wehrpaß – vergangen.

Wie oft haben wir überlegt, wie das sein wird: in Berlin oder anderswo im Wissen, nie wieder nach Saßnitz fahren zu müssen?

Und es kam natürlich ganz anders: viel selbstverständlicher – trotz Schikanen bis kurz vor Schluß – plötzlich saß man im Zug und AUS, VORBEI. Wieder in Berlin war das Gefühl der großen Freiheit schnell verflogen, täglich diese Mauer sehen, und täglich Mauern erleben. Schnell hatte mich das alles wieder ein.

Da gibt es Freunde, die nicht mehr hier leben, andere wissen noch nicht, ob auch sie diesen Schritt gehen. Einer meiner bisher besten Freunde hat einen ganz anderen Schritt »gewagt«, sich zum Reserveoffizier verpflichtet – natürlich um studieren zu können. Da trennen sich Wege. Zum Glück gibt es einige, die treu geblieben sind. Das erfreut. Und hierbleiben wollen sie auch noch!! Das ist ein wahres Glück!

Dazu kommt, daß es von diesen guten Freunden auch einige sind, die mir ganz praktisch helfen können und wollen. So hoffe ich, dank der Vermittlung eines dieser guten Menschen im September bei dem Kirchenblatt »Potsdamer Kirche«[51] anfangen zu können. Derzeit arbeite ich ersteinmal nicht. Ich bin viel unterwegs, besuche Freunde, Theater, Kinos, lese einiges, was warten mußte (so auch die Berliner Protokolle. Nochmals: Vielen Dank).

Eines meiner größten Erlebnisse war vor einigen Tagen im Anschluß an den Film »Blechtrommel« Günter Grass hören und sehen zu können. Es tut immer wieder gut, wenn man Leuten zuhören darf, die so eindeutig, so klar Stellung beziehen. G. Grass fiel mir da schon in Berlin auf, aber auch wenn es um andere Fragen (wie z. B. Nicaragua) geht, rüttelt er wach, provoziert. Und er ist zum Glück provokant gegen Ost und West!!

Das soll es, lieber Herr de Bruyn, fürs erste gewesen sein. Manchmal werde ich wach und denke, ach mein Gott – bald mußt du wieder nach Saßnitz!

Es grüßt sie
ganz herzlich
Ihr Stefan

---

51 Eine von mehreren in der DDR erschienenen Kirchenzeitungen.

30.5.84

Lieber Stefan,
von Reisen zurückgekehrt
fand ich Ihren Brief
& hab mich gefreut.
Hoffentlich klappt das
mit der „Potsdamer K." !
Sicher keine uninteressante
Arbeit. Falls ich Ihnen irgendwie helfen kann, tue
ich es gern. Herzlichst Ihr

Günter
de Bruyn

Herrn

Stefan Berg

1193 Berlin

Plesser Str. 11

Berlin, 10.7.84

Lieber Herr de Bruyn!

Haben Sie recht herzlichen Dank für Ihre nette Karte.

Mehrmals habe ich es nun versucht, Sie in der Auguststraße zu erreichen. Schließlich wollte ich mich einmal bei Ihnen persönlich für die Hilfe während der gesamten Armeezeit bedanken. Leider waren Sie nicht anzutreffen.

Sie fragen nach der »Potsdamer Kirche«. Es klappt und klappt auch wiederum nicht. Vom Chefredakteur erhielt ich den Auftrag für sein Blatt von der 3. Friedenswerkstatt zu berichten, heute nun bat er mich in die W. Groß-Ausstellung in der Franz. Friedrichstadtkirche zu gehen, am Wochenende werde ich zur Radsternfahrt nach Potsdam fahren. Über all diese Dinge werde ich schreiben, und ich freue mich darüber sehr. Leider kann man mich in Potsdam aber nicht fest anstellen! Ich schwebe also noch etwas (man kann es auch eiern nennen). Vielleicht bekomme ich einen Job bei der Inneren Mission, vielleicht bei der EVA.[52]

Mein derzeitiges Leben ist irgendwie seltsam, so ganz ohne hundertprozentig klare Zukunft – einerseits bedrückt einen die Ungewißheit, andererseits ist es das, was mir einmal vorschwebte: Niemandem (außer sich selbst)
verpflichtet sein.
Und zum Glück lese ich weiter viel.
Ist wohl eines der schönsten Erlebnisse:
ein Buch nicht mehr aus der Hand
legen wollen!!
Wenn ich Ihnen hier so von mir erzähle, habe ich immer wieder das Bedürfnis, Ihnen einen Gefallen zu tun, nicht un-

---

52 EVA: Evangelische Verlagsanstalt.

bedingt aus dem Willen zum Ausgleich für Ihre Freundlich-
keit; nein, damit hat das nichts zu tun.

Aber ich weiß nicht wie!

Ihr
Stefan

27.7.84

Lieber Stefan,

daß diese Ungewißheit, bei aller Freude über die Selbständig-
keit, etwas Bedrückendes hat, glaube ich wohl. Aber wenn
das gut geht mit den Artikeln für die »Potsdamer Kirche«, so
ist das doch ein Anfang. Hoffentlich geht es gut. Leicht ist
das sicher nicht, wenn man das noch nicht gemacht hat,
schnell gehen muß es doch sicher auch. Wenn es gedruckt
ist – schicken Sie mir das mal? (Ich will die »PK« schon lange
abonnieren, vergesse es aber immer wieder.)

Leider habe ich so gar keine Beziehungen, sodaß ich Ihnen
da nicht helfen kann. Aber wenn Sie mal in Not sind (auch in
Geldnot), bin ich immer für Sie da.

Wenn ich mal vorher weiß, wann ich ein paar Tage sicher
in Berlin bin, schreibe ich Ihnen, damit Sie nicht immer vergeblich kommen.

Ihre Gedanken darüber, wie Sie mir einen Gefallen tun
können, sind wirklich überflüssig. Ich habe schon Freude daran, daß es Menschen wie Sie gibt.

Vor 14 Tagen habe ich offiziell erfahren, daß mein neuer
Roman »Neue Herrlichkeit«, der im Juni hätte erscheinen
sollen, verboten wurde und also überhaupt hier nicht er-

scheint.[53] Schlechte Zeiten für Literatur! Ich versuche, gelassen zu bleiben und mich auf Neues zu konzentrieren.

Genießen Sie den Sommer so gut es geht.

Ihr Günter de Bruyn

Zur Friedenswerkstatt wollte ich eigentlich auch kommen, aber dann war ich anderweitig besetzt. Schade, dort hätten wir uns treffen können.

---

53 Günter de Bruyns Roman »Neue Herrlichkeit« sollte 1984 gleichzeitig in beiden deutschen Staaten erscheinen. Die Westausgabe im S. Fischer Verlag wurde auch ausgeliefert. Die gedruckten 20 000 Exemplare der DDR-Auflage jedoch wurden auf Verlangen der Zensur einbehalten. Erst ein Jahr später erschien der Roman auch in der DDR. De Bruyn kommentierte dies später so: »Nun war ich im Abseits, in das ich gehörte. Mein Missverhältnis zum Staat war offenkundig geworden.«

Nachwort

Die Bekanntschaft mit Stefan Berg vor mehr als dreißig Jahren ist mir immer in Erinnerung geblieben, obwohl sie in den Ängsten und Aufregungen jener Jahre nur eine Randerscheinung war. Sie war durch eine mündliche Stellungnahme von mir veranlasst worden, die in Auszügen nur von westlichen Medien gedruckt und gesendet worden war. Zustimmende oder empörte Reaktionen darauf hatte ich durchaus erwartet, nicht aber den Beifall eines Siebzehnjährigen, der mir, ohne mich persönlich zu kennen, völlig zu vertrauen schien. Eine von Vorsicht diktierte Redeweise, wie man sie sich in den drei Jahrzehnten der DDR antrainiert hatte, schien ihm mir gegenüber nicht nötig zu sein.

Alle meine Veröffentlichungen zu DDR-Zeiten waren von Leserzuschriften begleitet worden. Meist waren es freundliche, mich ermutigende Briefe gewesen, deren Beantwortung aber, die ich mir zur Pflicht gemacht hatte, manchmal auch quälend war. Anlass zum Briefschreiben war vor allem die in meinen Büchern versteckte Kritik am verordneten Denken gewesen, und das Einverständnis, das mir dadurch signalisiert wurde, war fast immer so vorsichtig umschrieben worden, dass die politische Motivation der Zustimmung nur zwischen den Zeilen zu lesen war. Stefan Berg aber hatte mir ohne jede Tarnung geschrieben, den Brief allerdings nicht auf die Post gegeben, sondern ihn selbst in meinen Briefkasten gesteckt.

Dass sein Brief mich stärker als andere berührte, lag sowohl an dem erstaunlichen Vertrauen, das er mir entgegenbrachte, als auch an der Aufrichtigkeit, die aus ihm sprach. Der Schreiber, der dem Anpassungsdruck der Schule offensichtlich widerstanden hatte, setzte den Mitläufern und Nachbetern, die ihm überall im Leben begegneten, sein Verlangen nach Ehrlichkeit entgegen, das ihn in meinen Augen natürlich ehrte, ihn aber auch gefährdete. Wusste man doch von jungen Leuten, die ihr Aufbegehren ins Gefängnis gebracht hatte, und von anderen, denen der gewünschte Berufsweg verbaut worden war. Einige hatten in ihrer Verzweiflung sogar Grenzdurchbrüche gewagt.

Dass der Briefschreiber sich mit seinen Problemen an einen Schriftsteller wandte, erklärte sich vor allem selbstverständlich aus seinem literarischen Interesse, zum Teil aber wohl auch aus der damaligen Situation. Sowohl in den Auseinandersetzungen des Kalten Krieges als auch in den Debatten über Aufrüstung und Friedenserhaltung spielten die Literatur und die Literaten in beiden deutschen Staaten eine nicht unbedeutende Rolle, so dass jeder politisch Interessierte sie zur Kenntnis nahm. Nachrichten aus der Literaturszene waren oft auch im politischen Teil der Zeitungen zu finden, und die Feuilletons, die damals dem Unterhaltungsgewerbe noch nicht so viel Platz einräumten wie heute, widmeten sich nicht nur den literarischen Neuerscheinungen, sondern trugen auch literarische Kontroversen aus. Wenn Autoren von Politikern beschimpft wurden, Bücherverbote Aufsehen erregten oder Schriftsteller freiwillig oder gezwungen die politischen Seiten wechselten, wurden auch Nichtleser durch Radio- und Fernsehnachrichten darüber informiert. Im Westen, wo die als politische Korrektheit verharmloste Einschränkung der Meinungsvielfalt noch nicht recht Fuß gefasst hatte, so dass man noch von Pluralismus sprechen konnte, fanden politische Stellungnahmen bekannter Autoren öffentliches Interesse, und auch im Osten, wo man die Literatur zu reglementieren versuchte, war das Interesse besonders an jenen Werken, die mehr oder weniger auffallende Abweichungen von den Doktrinen aufwiesen, jederzeit groß. Wer sich hier für Literatur interessierte, meinte auch zu wissen, wer von den Autoren die Zensur zu unterlaufen versuchte oder aber ein linientreuer Parteischreiber war. Hilfreich bei dieser Unterscheidung waren nicht nur die westlichen Kritiker, die jedes Opponieren in der DDR-Literatur hervorhoben (und dabei oft die künstlerische Qualität vernachlässigten), sondern auch die straff gelenkten DDR-Medien, deren Loben, Tadeln oder Verschweigen für den Kenner leicht zu deuten war. Wem man in der relativ gut überschaubaren Literaturszene der DDR vertrauen konnte, glaubte man also zu wissen, und wahrscheinlich hat man sich darin nur selten getäuscht.

Da also die Literaten damals eine nicht unbedeutende Rolle spielten, waren sie den westlichen Politikern, wenn sie sich nicht mit ihnen verbündeten, oft lästig, den östlichen Machthabern aber galten sie grundsätzlich als gefährlich, weil das der Literatur eigne Subjektive und Unberechenbare schwer zu reglementieren war. Es wurde deshalb in der DDR für unerlässlich gehalten, die Schriftsteller und Künstler immer im Auge zu behalten, was vor allem Aufgabe des Staatssicherheitsdienstes war. Jeder Autor musste also vermuten, immer und überall amtliche Zuschauer oder Zuhörer zu haben, was einerseits zur Folge hatte, dass er sich jede Äußerung genau überlegte, sich andererseits aber an das ständige Beobachtetwerden gewöhnte und einen Fatalismus entwickelte, der auch die trotzige Einbildung erlaubte, ein eigenständiges Leben weiterführen zu können, als gäbe es die ständige Beobachtung nicht. In dieser Hinsicht war seine Lage also der des heutigen Normalbürgers ähnlich, der sich über seine ständige Überwachung, deren Perfektion die Stasi-Methoden vorsintflutlich erscheinen lässt, zwar kurzzeitig empört, dann aber schnell an diesen Zustand gewöhnt.

Wie die Akten besagen, hatte sich der Staatssicherheitsdienst schon seit den sechziger Jahren eingehend mit mir beschäftigt, mit seinen Bediensteten in Berührung gekommen war ich aber noch nicht. Ich wusste aber genug von seinem geheimen Treiben, um bei allen meinen Worten eine Vorsicht walten zu lassen, die manchmal vielleicht sogar übertrieben war. Vorsicht war mir zur zweiten Natur geworden, und zwar sowohl im Umgang mit Menschen als auch beim Bücherschreiben, bei dem ich mich ständig ermahnen musste, nicht dauernd an die Zensur zu denken, was mir aber nur selten gelang. Dabei lebte ich in der festen Überzeugung, dass sich seit meinen vom Krieg verdunkelten Jugendjahren ein Instinkt in mir entwickelt hatte, der mich den Spitzel im Gegenüber ohne weitere Überlegung erkennen ließ. Auch die Ehrlichkeit des Briefes, den mir Stefan Berg geschrieben hatte, glaubte ich sofort als solche erkennen zu können. Als mich aber die Stasi später mit einer Fälschung, die sie »Legende« nannte, irreführte, erwies sich dieser Instinkt als eingebildet, so dass ich mich kurzzeitig täuschen ließ.

Nicht Misstrauen also war es, das sich beim Lesen des Briefes in mir regte, sondern eine Besorgnis um den intelligenten und sensiblen Jungen, der die übliche Spaltung zwischen verschwiegener eigner und verlautbarter Meinung nicht mitmachen wollte, was mir in seiner Unerfahrenheit begründet schien. Was mich aber noch stärker als seine Aufrichtigkeit bewegte, waren seine moralischen Skrupel, die ihm die Ausbildung an Waffen verboten, und seine Ängste vor der Einberufung zum Militär.

In dieser Hinsicht konnte, nein, musste ich mit ihm fühlen. Nicht nur der Krieg, sondern auch militärische Zwangsgemeinschaften waren die Schrecknisse meiner Jugend gewesen, deren Nachwirkungen noch so stark in mir lebten, dass die schlimmsten meiner Angstträume bis heute nicht nur von Bombenhageln und Tieffliegerangriffen handeln, sondern auch von neuer Uniformierung und einem fremdbestimmten Dasein in Reih und Glied. Der schleichenden Remilitarisierung der deutschen Staaten, die sich im Osten durch vormilitärische Ausbildung in den Schulen und die sogenannten Kampfgruppen zur Militarisierung der ganzen Gesellschaft zu entwickeln drohte, stand ich also mit strikter Ablehnung gegenüber, die mich zur Solidarisierung mit dem jungen Kriegsgegner geradezu zwang. Dass auch christliche Prägungen mich mit dem Jungen verbanden, war zwar dem Brief nicht direkt zu entnehmen, aber sie konnten vermutet werden, weil die opponierende Friedensbewegung, die das Recht zur Kriegsdienstverweigerung verlangte, unter dem Zeichen des Kreuzes agierte, dessen Schutzfunktion aber dürftig war. Denn die evangelische Kirche, um die es sich dabei vorwiegend handelte, musste sich ihre Freiräume auch durch Gesten der Anpassung an die staatlichen Gegebenheiten erkaufen, konnte sich ihrer weiteren Duldung aber nie sicher sein.

Die berechtigte Furcht vor einem Atomkrieg der Großmächte, zu dem die beiden deutschen Staaten Hilfstruppen und das Schlachtfeld liefern sollten, hatte im westlichen Deutschland eine vom Staat unabhängige Friedensbewegung entstehen lassen, die sich durch Massendemonstrationen bemerkbar machte, eine ähnliche Bewegung im Osten dagegen blieb auf einzelne, relativ kleine Gruppen beschränkt. Da hier der zentralistisch gelenkte Staat, der auch die Uniformität des Denkens verlangte, das Monopol auf Friedensbemühungen für sich beanspruchte und pazifistische Ansichten als staatsfeindlich verdammte, konnten sich die Friedensgruppen nur im beschränkten Freiraum der Kirche entfalten, und auch dort nur in jenen Gemeinden, die von einem Pastor betreut wurden, der genug Bekennermut aufbrachte, um dem staatlichen Druck zu widerstehen. Die in diesen Gruppen gepflegten kirchlichen Rituale, wie Friedensgebete, Lieder und Fürbitten, wurden von vielen ihrer Mitglieder, die keine Christen waren, nur als notwendige Tarnung empfunden, denn diese vom Staat nur widerwillig geduldeten und mit geheimdienstlichen Mitteln bekämpften Gemeinschaften zogen selbstverständlich auch Oppositionelle der verschiedensten Schattierungen an. Mir sind in diesen Gruppen, in denen ich zeitweilig mitwirken konnte, viele junge Leute begegnet, die den Staat, der sie erzogen hatte, keineswegs total ablehnten, ihn vielmehr reformieren wollten, weil ihnen eine Idealvorstellung von Sozialismus vor Augen stand. Die deutsche Wiedervereinigung schien angesichts der im Kalten Krieg befindlichen Großmächte, die sich mit ihren Waffenarsenalen auf deutschem Boden gegenüberstanden, außerhalb aller Möglichkeiten zu liegen, so dass sie als Ziel der Bewegung erst ins Auge gefasst werden konnte, als einige Jahre später die Beseitigung des sogenannten Eisernen Vorhangs absehbar war.

Da die Mitglieder der Oppositionsgruppen von der vagen Hoffnung auf Veränderung beseelt waren, lehnten sie das Bestreben, der DDR-Misere durch Flucht oder Ausreise zu entkommen, entschieden ab. Die ständige Abwanderung nach dem deutschen Westen, die auch die Mauer nicht völlig hatte beenden können, hatte zwar die Wirtschaftskraft der DDR vermindert, die SED-Herrschaft aber auch von oppositionellen Köpfen, die gegen sie aktiv werden konnten, befreit. Da es Ventile dieses Ausmaßes in den anderen europäischen Staaten des Ostblocks nicht gegeben hatte, waren die Freiheitsbewegungen der Ungarn, Tschechen und Polen ungleich stärker gewesen und hatten im östlichen Deutschland Vorbildfunktion. Das Ausharren, zu dem auch ich mich nicht nur aus diesem Grunde nach jahrzehntelangem Zögern entschlossen hatte, glaubte ich auch dem jungen Briefschreiber raten zu sollen. Denn von der üblichen Resignation, die zum Verlassen des reformunfähigen Landes führte, hatte ich in seinem Brief nichts gespürt. Er schien mir eher zu den christlichen Gruppen zu gehören, die die starren Verhältnisse zu verändern versuchten, so utopisch das zu dieser Zeit auch schien.

Da alle DDR-Medien, auch die wenigen kirchlichen, unter strenger Zensur des Staates standen, hätten die Friedens- und Umweltgruppen, die den Kern der später mächtiger werdenden Opposition bildeten, der breiteren Öffentlichkeit kaum bekannt werden können, hätten sich nicht die westdeutschen Medien, deren Vertreter in diesen Jahren schon in der DDR akkreditiert waren, für sie interessiert. Der westdeutsche Fernseh- und Hörfunk war in der DDR immer gegenwärtig, und in den Intellektuellenkreisen Ostberlins war es auch möglich, an die westdeutsche Presse heranzukommen, wenn man mit einem ihrer Vertreter bekannt geworden war. Sicher kamen solche Bekanntschaften, die den Korrespondenten Zugang zu den oppositionellen Kreisen verschafften, vorwiegend aus beruflichem Interesse zustande, doch wurden, unter misstrauischer Beobachtung der Stasi, oft auch dauernde Freundschaften daraus.

Die »Berliner Begegnung zur Friedensförderung«, der ich den Brief Stefan Bergs zu verdanken hatte, war eine staatlich gelenkte Veranstaltung, die mit den Friedensbewegungen beider deutscher Staaten nur insofern zu tun hatte, als sie vorgab, selbst Teil einer solchen zu sein. Durch Offenheit nach allen Seiten sollte mit ihr bewiesen werden, dass die Politik der DDR trotz innerer Militarisierung und der Befürwortung der sowjetischen Atomraketen auf ihrem Boden eine den Frieden fördernde sei. Tatsächlich war die Veranstaltung, wie offiziell verlautete, auf Initiative Stefan Hermlins zustande gekommen, der sie auch wie ein persönliches Unternehmen leitete, doch wusste jeder, dass sie nur durch Billigung und Unterstützung von Staat und Partei möglich geworden war. Honecker, den Hermlin persönlich gut kannte, hatte die Veranstaltung unter der Bedingung gebilligt, dass nur vom Frieden geredet werden durfte, nicht aber von den gerade aktuellen revolutionären Vorgängen in Polen oder der Zensur. Partei und Stasi wurden angewiesen, immer dabei zu sein, ohne sich bemerkbar zu machen, und als Austragungsort der Rededuelle wurde ein neutral erscheinendes Hotel erwählt. Die Einladungen, die nicht vom Staat, sondern von Stefan Hermlin und der Akademie der Künste kamen, gingen an ostdeutsche, westdeutsche und einige ausländische Schriftsteller und Wissenschaftler, und auch die westlichen Medien waren zugelassen, so dass man durch sie von manchem Beitrag erfahren konnte, den die östliche Berichterstattung unterschlug. Wie Hermlin wohl verlangt hatte, war auch die Veröffentlichung eines vollständigen Protokolls der Tagung zugesichert worden, nicht aber eine unzensierte Berichterstattung in den DDR-Medien, die dann auch wie üblich einseitig und lückenhaft war. Das Protokoll erschien später tatsächlich, war aber, als Stefan Berg mir schrieb, noch nicht auf dem Markt.

Das Treffen hatte, wie zu erwarten, keine erkennbare politische Wirkung, und da von der Mehrzahl der Teilnehmer die schon bekannten Argumente in unterschiedlichen Tonarten und Variationen wiederholt wurden, war auch der Erkenntniswert der Diskussionen gering. Bemerkenswert war aber die Tatsache, dass die Begegnung in Anwesenheit der westlichen Medien in Ostberlin stattfinden konnte und so auch manche Kritik, die in der DDR sonst nicht laut werden durfte, auf ihrem Boden zur Sprache kam. Dass die von der Tagung ausgehenden Impulse im deutschen Osten stärker waren als im Westen, ist anzunehmen, mir jedenfalls musste es damals so scheinen, weil das von mir dort über Kriegsdienstverweigerung Gesagte bei meinen Begegnungen mit kirchlichen Friedensgruppen häufig zur Sprache kam. In Leserbriefen dagegen war von diesem Thema nicht die Rede, die Offenherzigkeit des Siebzehnjährigen blieb ein Einzelfall.

Wenn ich mich heute an die zweitägige Veranstaltung und meine unbedeutende Rolle in ihr zu erinnern versuche, beschleicht mich wieder das Unbehagen, das ich damals als Tagungsteilnehmer und Diskussionsredner empfand. Verursacht war es, wie ich mir heute sage, durch die Rolle, die ich mir aufgezwungen hatte, obwohl ich wusste, dass sie die meine nicht war. Mein Platz ist immer der am Schreibtisch gewesen, nicht aber einer vor Mikrophonen oder auf Rednerpulten, wo ich immer nur vorlesen konnte, was in mühsamer Arbeit am Schreibtisch entstanden war. Meine Texte der Situation entsprechend zu ändern, war mir nicht möglich, schon die kleinste Variante, die ich anzubringen versuchte, brachte mich aus dem Konzept. Ich hätte deshalb, meiner vorherigen Gewohnheit folgend, an der Veranstaltung nicht teilnehmen oder in ihr schweigen können, das aber verbot mir mein damals reges Sendungsbewusstsein, dem es sträflich erschienen wäre, an dieser Gelegenheit, pazifistische Gedanken in der DDR zu bekunden, vorüberzugehen. Dass auch die Aussicht mich verlockte, im Kreis bedeutender Autoren und Wissenschaftler zu sitzen und vor westlichen Fernsehkameras reden zu können, ist mir zwar nicht erinnerlich, aber nicht auszuschließen, da doch wohl immer bei Schriftstellern, die sich in Politisches mischen, auch der Ehrgeiz, sich bekannt zu machen, eine mehr oder weniger bedeutende Rolle spielt. Wenn ich heute in den Protokollen von damals lese, meine ich die Ruhmsucht noch spüren zu können, die manchem staatstreuen oder auch kritischen Beitrag zugrunde lag. Bei Schriftstellern, die vom Schreiben leben wollen, ist ein gewisser Grad von Bekanntsein unerlässlich, die Ruhmsucht also berufsbedingt.

In meinem Diskussionsbeitrag, dem man die Schreibtischarbeit gar zu deutlich anmerkte, kam ich erst nach einem literaturgeschichtlichen Umweg zum Eigentlichen, das in einem guten Rat an die Adresse der DDR-Oberen bestand. Sie sollten, um ihre Friedensbemühungen glaubwürdiger zu machen, eine nichtstaatliche Friedensbewegung erlauben und mit der Einführung eines zivilen Wehrersatzdienstes die Kriegsdienstverweigerung vom Makel des Verbrecherischen befreien.

Selbstverständlich ignorierte die Regierung meine Rat-schläge, die Stasi erfuhr von mir nichts Neues, da sie meine Meinung zu diesem Thema schon lange kannte, und in der Diskussionsrunde griff niemand meine Vorschläge auf. Mein Auftritt, dem ich, ohne Freude daran zu haben, kostbare Ar-beitszeit geopfert hatte, wäre mir nachträglich als völlig sinn-los erschienen, hätte mir Stefan Berg nicht brieflich beschei-nigt, dass ich mit ihm doch wenigstens einem Menschen ein wenig hilfreich geworden war.

Günter de Bruyn

Den Mitarbeitern des Archives der Akademie der Künste, Berlin, danke ich für die Einsicht in Unterlagen zur »Berliner Begegnung«, den Kolleginnen im Deutschen Literaturarchiv in Marbach danke ich für die freundliche Publikationsgenehmigung meiner im Vorlass von Günter de Bruyn befindlichen Briefe an ihn. Ebenso danke ich für die Einsicht in meine Akten beim Bundesbeauftragten für die Unterlagen des Staatssicherheitsdienstes der ehemaligen Deutschen Demokratischen Republik, obwohl das Wort »ehemalig« vollkommen unsinnig ist.

Stefan Berg

Inhalt